Histoire du Moyen-Orient

Du même auteur

Politique économique et planification au Liban, 1954-1964, Imprimerie universelle, Beyrouth, 1964.

Contribution à l'étude des sociétés multiconfessionnelles. Effets sociojuridiques et politiques du pluralisme religieux, Librairie générale de droit et de jurisprudence, Paris, 1971 ; nouvelle édition sous le titre *Histoire du pluralisme religieux dans le Bassin méditerranéen*, Geuthner, Paris, 1998.

L'Économie arabe au défi (en arabe), Dar el Talia't, Beyrouth, 1981.

La Dépendance économique. L'endettement des pays en voie de développement dans une perspective historique (en arabe), Dar el Talia't, Beyrouth, 1980 (de larges extraits de cet ouvrage ont été publiés en français dans *Dette et développement*, Publisud, Paris, 1981 ; et en anglais dans *Debt and Development*, Praeger, NY, 1982).

Le Développement introuvable (en arabe), Dar el Talia't, Beyrouth, 1981.

Le Proche-Orient éclaté, 1956-1983, La Découverte, Paris, 1983 (également publié en anglais et en arabe).

Liban : les guerres de l'Europe et de l'Orient, 1840-1992, Gallimard, coll. « Folio/Actuel », Paris, 1992 (nouvelle édition revue et augmentée d'un précédent ouvrage publié aux Éditions La Découverte sous le titre *Géopolitique du conflit libanais*, Paris, 1986).

L'Europe et l'Orient. De la balkanisation à la libanisation, histoire d'une modernité inaccomplie, La Découverte, Paris, 1989 (édition de poche augmentée : La Découverte/Poche, 2002 ; également publié en arabe, allemand et roumain).

L'Avenir du Liban dans le contexte régional et international, sous la direction de Paul Balta et Georges Corm, Les Éditions ouvrières/EDI, Paris, 1990.

Identités et conflits au Moyen-Orient, 1919-1991, Arcantère, Paris, 1992 (ouvrage regroupant une série d'articles et d'études sur le Moyen-Orient publiés entre 1985 et 1992).

La Mue (récit fantastique), Noël Blandin/FMA, Paris/Beyrouth, 1992.

Le Nouveau Désordre économique mondial, La Découverte, Paris, 1993 (également publié en arabe, hongrois, italien, portuguais et roumain).

Introduction au Liban et aux Libanais (en arabe), Dar el-Jadid, Beyrouth, 1996.

La Reconstruction et l'intérêt collectif. De la politique économique d'après guerre (en arabe), Dar el-Jadid, Beyrouth, 1996.

Le Proche-Orient éclaté II, 1990-1996. Mirages de paix et blocages identitaires, La Découverte, Paris, 1997.

Le Proche-Orient éclaté, 1956-2000, Gallimard, coll. « Folio/Histoire », Paris, 1999 (nouvelles éditions successives : 2000, 2001, 2003, 2007, 2008, 2010, 2012 ; également publié en arabe, bulgare et italien).

L'Opportunité perdue dans la réforme financière au Liban (en arabe), Sharikat al Matbou'at lill Tawzi wal Nashr, Beyrouth, 2001.

La Méditerranée : espace de conflits, espace de rêve, L'Harmattan, Paris, 2001.

Orient-Occident, la fracture imaginaire, La Découverte, Paris, 2002 ; La Découverte/Poche, 2005 (également publié en arabe, allemand, catalan, espagnol, italien et turc).

Le Liban contemporain. Histoire et société, La Découverte, Paris, 2003 ; La Découverte/Poche, 2005, 2012.

Yoakim Moubarac, un homme d'exception. Recueil de textes choisis et présentés par G. Corm, La Librairie orientale, Beyrouth, 2004.

La Question religieuse au XXI*e siècle. Géopolitique et crise de la postmodernité*, La Découverte, Paris, 2006 ; La Découverte/Poche, 2007 (également publié en arabe, espagnol, polonais et turc).

Histoire du Moyen-Orient. De l'Antiquité à nos jours, La Découverte, Paris, 2007 (également publié en arabe, anglais et espagnol).

L'Europe et le mythe de l'Occident. La construction d'une histoire, La Découverte, Paris, 2009 ; La Découverte/Poche, 2012.

Le Nouveau Gouvernement du monde. Idéologies, structures, contre-pouvoirs. La Découverte, Paris, 2010 ; La Découverte/Poche, 2013.

Pour une lecture profane des conflits, La Découverte, Paris, 2012.

Site Web de l'auteur : www.georgescorm.com

Georges Corm

Histoire du Moyen-Orient

De l'Antiquité à nos jours

Texte inédit

La Découverte / Poche
9 *bis*, rue Abel-Hovelacque
75013 Paris

Si vous désirez être tenu régulièrement informé de nos parutions, il vous suffit de vous abonner gratuitement à notre lettre d'information par courriel, à partir de notre site **www.editionsladecouverte.fr**, où vous retrouverez l'ensemble de notre catalogue.

ISBN 978-2-7071-5143-8

LE MOYEN-ORIENT CONTEMPORAIN

Introduction

Le Moyen-Orient est une entité géopolitique qui constitue aux yeux du grand public occidental une nébuleuse difficilement saisissable. La géographie et l'histoire de cette région sont en effet investies par les mythologies et l'histoire sainte, riches d'images faciles qui frappent l'imagination. La connaissance précise des peuples et civilisations du Moyen-Orient est réservée à quelques spécialistes, en particulier les archéologues, qui ont le plus contribué à la découverte de l'importance des civilisations anciennes du Bassin mésopotamien. De plus, au cours des deux derniers siècles, l'Europe s'est « emparée » du Moyen-Orient décadent, remodelant sa géographie politique et ses territoires. L'emplacement stratégique de cette région du monde, au carrefour des trois continents asiatique, européen et africain, ainsi que ses réserves pétrolières et gazières en ont fait un enjeu de rivalités internationales souvent féroces. Une fois la puissance de l'Europe disparue, et après le court intermède de la guerre froide, ce sont les États-Unis qui s'emparent de la région, y déploient leurs armées et tentent de la remodeler à la convenance de leurs ambitions hégémoniques.

De ce fait, la littérature contemporaine sur le Moyen-Orient – académique, journalistique ou littéraire – est très marquée par l'intensité des luttes et des rivalités qui rythment l'histoire de cette région du monde. Au XIXe siècle, l'Europe voulait sauver les communautés chrétiennes d'Orient de ce qu'elle considérait comme un « abaissement » intolérable du fait de l'hégémonie de l'islam sur le Moyen-Orient (entre 1975 et 1990, puis depuis 2005, les événements tragiques du Liban ont fait revivre, sur le plan médiatique, certaines de ces atmosphères du XIXe siècle). Au XXe siècle, après le génocide des communautés juives d'Europe perpétré par le régime nazi, la sensibilité européenne s'est largement portée sur le destin de l'État d'Israël et de ses citoyens de confession juive. La création de cet État en 1948, symbolisant dans la psychologie collective un retour « miraculeux » à l'histoire sainte, a entraîné un paroxysme dans la passion et l'émotion de l'Occident à l'endroit du Moyen-Orient.

Le XXIe siècle ne s'est malheureusement pas ouvert au Moyen-Orient sous de meilleurs auspices que les deux précédents, puisqu'il débute par les attentats du 11 septembre 2001 à New York et Washington, attribués à la nébuleuse terroriste islamique d'Al-Qaida. Ces attentats ont entraîné l'invasion de l'Afghanistan, puis de l'Irak, par une coalition militaire sous l'égide américaine. Du coup, le thème du « conflit des civilisations », énoncé dès 1993 dans l'article du politologue américain Samuel Huntington, est devenu central dans la vision géopolitique du nouveau siècle : à nouveau, la religion musulmane y joue le rôle de repoussoir fantasmatique des peurs européennes, justifiant en même temps la volonté occidentale d'hégémonie sur le Moyen-Orient.

La présentation de l'histoire du Moyen-Orient que nous proposons ici a pour but de donner au lecteur les éléments d'une connaissance « profane » de cette région du monde. Nous entendons par là une connaissance qui ne soit pas prisonnière du marqueur religieux comme seul déterminant des périodes historiques et de leurs caractéristiques. Bien d'autres facteurs sont en effet tout aussi déterminants, sinon plus, que l'apparition de telle ou telle religion : les milieux géographiques, l'évolution de la démographie, la constitution de grands ensembles linguistiques et culturels à travers les nombreuses invasions qu'a connues le Moyen-Orient tout au long de son histoire, les facteurs économiques, la richesse énergétique de la région et l'évolution des techniques et des moyens de transport, etc.

Certes, la région a été le berceau des trois monothéismes. Ceux-ci ont marqué de leurs empreintes très diverses non seulement le Moyen-Orient, mais aussi l'Europe, ainsi que de larges parties de l'immense continent asiatique. Ils n'ont cependant réussi à unir ou fédérer des peuples différents que durant certaines périodes. À l'intérieur même des aires monothéistes à prétention universelle, schismes, hérésies, interprétations divergentes de la religion ont été une constante de l'histoire religieuse et politique elle-même. Aussi, comme on le verra, notre présentation du Moyen-Orient refuse l'approche exclusive par les marqueurs historiques religieux.

C'est ainsi que la première partie rend compte de l'évolution du Moyen-Orient dans la longue durée et jusqu'à la période de l'essor colonial européen. Elle décrit les continuités et les ruptures qui ont caractérisé les principaux centres de civilisation du Moyen-Orient depuis l'Antiquité. Dans cette approche, nous avons mis l'accent sur les grands socles géographiques et culturels du Moyen-Orient, facilement identifiables (Anatolie, hauts plateaux iraniens, Mésopotamie, Égypte) et qui ont servi de support, tout au long de son histoire plurimillénaire, à ses grandes structures politiques. Cette approche permet de bien identifier ce que j'ai appelé la « géologie des cultures » qui se sont formées au Moyen-Orient sur les grands socles géographiques régionaux et qui ont servi aussi de centres d'empire célèbres dans l'histoire. En particulier, nous avons voulu bien faire ressortir la succession des cultures et régimes politiques, en ne les identifiant pas exclusivement par leur religion, mais bien par leurs spécificités culturelles et linguistiques.

Si importantes, en effet, qu'aient été les conquêtes arabes au VIIe siècle de notre ère, la religion des conquérants, l'islam, n'a pas supprimé, en définitive, les spécificités préislamiques des civilisations iraniennes successives ou celles post-islamiques des conquérants turcs. L'apparition et le développement du christianisme, né en Orient, n'avaient d'ailleurs pas plus modifié les grandes structures politiques gréco-romaines de la région. Nous verrons, à ce propos, comment la culture gréco-romaine, ainsi que les deux cultures sœurs araméenne et syriaque, mais aussi la culture égyptienne pharaonique ont survécu à travers la persistance jusqu'aujourd'hui des différentes et très nombreuses Églises orientales.

La deuxième partie de l'ouvrage est consacrée à l'évolution du Moyen-Orient moderne, depuis la domination coloniale européenne au XIXe siècle jusqu'à l'invasion et l'occupation de l'Irak par les États-Unis. Elle fait le bilan de la pénétration coloniale européenne, tente d'expliquer les causes de la décadence du Moyen-Orient depuis le XVIIIe siècle et de la montée en puissance des États-nations européens, qui contraste de façon cruelle avec cette décadence. Enfin, elle identifie les trois modèles spécifiques de résistance à la domination européenne et de modernisation, le turc, l'arabe et l'iranien, qui n'ont pas été non plus sans interactions entre eux.

Elle évoque aussi le succès relatif de la Turquie moderne à reconstruire un nouvel État, puissant et respecté, sur les décombres de l'Empire ottoman, succès qui contraste avec l'échec du mouvement national arabe à réaliser l'aspiration à l'unité des peuples arabes de la région et avec l'existence précaire et très instable des États arabes issus du démembrement de l'Empire ottoman ; succès qui contraste aussi avec les convulsions iraniennes, source de graves tensions géopolitiques dans la région, en particulier avec les États-Unis depuis la révolution de 1979. Cette partie traite, par ailleurs, des principaux conflits et des guerres à répétition dont souffrent les peuples de la région : guerres israélo-arabes, guerre Irak-Iran, les deux grandes guerres contre l'Irak (1991, puis l'invasion américaine de 2003), les conflits libanais, le drame palestinien.

Enfin, la troisième partie est une enquête sur les causes de la permanence de la décadence des civilisations du Moyen-Orient et des difficultés que rencontre cette région du monde, à la différence d'autres, à trouver la paix et la stabilité. Elle interroge la pertinence des modes de connaissance sur le Moyen-Orient et tente d'expliquer les problèmes actuels de fragmentation et de conflits permanents qui agitent une région qui fut incontestablement le berceau de la civilisation pour ce que nous appelons aujourd'hui le « monde occidental ». Cette approche dépasse les explications simples, voire simplistes, par une causalité unique, notamment celle de la religion devenue dominante, l'islam, trop souvent abusivement employée comme marqueur identitaire et historique exclusif des différents peuples de la région, mais aussi comme clé unique d'explication des convulsions et des violences qui les ont frappés très durement au cours du dernier demi-siècle.

Ces conflits sont ici replacés dans le contexte beaucoup plus large de l'évolution de la géopolitique mondiale et des sensibilités politiques et culturelles au cours des dernières décennies, en particulier depuis l'effondrement de l'URSS et du bloc socialiste, et le déploiement impérial et militaire des États-Unis au Moyen-Orient, à la faveur de l'invasion du petit émirat pétrolier de Koweït par l'Irak en 1991, puis des attentats du 11 septembre 2001. Ce sont ces événements qui ont aussi alimenté la thèse de la « guerre des civilisations », en vertu de laquelle le monde serait désormais divisé entre un bloc euro-atlantique se définissant comme « judéo-chrétien » et un bloc de pays musulmans hostiles à l'Occident.

C'est pourquoi la conclusion de ce petit guide historique et anthropologique du Moyen-Orient se concentre sur la nécessité de revenir à l'application équitable du droit international dans cette région du monde, c'est-à-dire à sa mise en œuvre de façon homogène pour l'ensemble des États et des gouvernements, et non point avec deux poids deux mesures, selon des critères différents définis en fonction des intérêts géopolitiques des puissances occidentales ou de leurs préférences idéologiques. Les punitions extraordinaires qui sont infligées à certains peuples dont les gouvernements ne plaisent pas aux puissances occidentales, comme en a subi le peuple irakien, contrastent fâcheusement avec la tolérance vis-à-vis d'autres États qui ne sont guère démocratiques ou qui refusent l'application de résolutions tout à fait explicites du droit international et des principes d'humanité. Ces infractions ne sont jamais sanctionnées par des résolutions des Nations unies : voici ce qui entraîne toujours plus de violence dans la région et fait constamment monter la tension dans les relations entre l'Occident et ce que l'on nomme l'Orient musulman.

Au cours de notre parcours dans l'histoire et les cultures de la région, l'accent sera mis principalement sur le Proche-Orient et l'est de la Méditerranée, ainsi que sur l'Iran. La riche histoire des pays d'Afrique du Nord ne sera évoquée ici que marginalement, bien que ces pays soient liés par l'histoire et par la langue aux peuples arabes ou arabisés du Moyen-Orient. Ils se sont cependant rapidement autonomisés par rapport au centre du pouvoir arabe institué, dans le cadre des deux califats omeyyade et abbasside, après les invasions des tribus de la péninsule Arabique au VIIe siècle. À l'exception du Maroc, ils seront tous conquis par l'Empire ottoman au XVIe siècle, puis soumis à la domination coloniale européenne à partir de la seconde moitié du XIXe siècle.

En présentant le Moyen-Orient sur le mode profane et en mettant en perspective son histoire sur la longue durée à partir de critères objectifs, nous espérons permettre au lecteur d'échapper au poids des représentations collectives que les médias et certaines recherches académiques, mais aussi nombre de décideurs politiques en Occident comme au Moyen-Orient veulent imposer pour légitimer les violences inacceptables qui déchirent cette région, de façon presque continue depuis deux siècles.

I

Les arabesques de la géographie et de l'histoire

1

Définitions géographiques et humaines

Un espace aux contours incertains

Les arabesques sont des formes décoratives légères faites de lignes entremêlées qui ont été créées par les Arabes. Sur le plan géographique aussi bien qu'humain et historique, le Moyen-Orient ressemble à une arabesque. En règle générale, il s'entend, tel un grand arc de cercle, de l'extrémité de la plaine danubienne et des chaînes balkaniques en Europe jusqu'au désert de Libye : la région comprend la Turquie, l'Iran, la Syrie, l'Irak et la Jordanie, Israël et les territoires palestiniens occupés, la péninsule Arabique et l'Égypte, soit ce que l'on peut appeler aussi la Méditerranée de l'Est et son prolongement asiatique direct. Certaines conceptions géopolitiques anglo-saxonnes étendent le Moyen-Orient jusqu'à l'Afghanistan et au Pakistan, en excluant parfois les pays d'Afrique du Nord (cette conception a été prédominante après la fin de la Seconde Guerre mondiale et durant la guerre froide, quand la Grande-Bretagne puis les États-Unis ont tenté de créer des alliances entre les principaux pays de la région pour lutter contre l'extension du communisme).

Il était courant, au XIXe siècle et au début du XXe siècle, de parler de la « question d'Orient », thème très populaire de la littérature diplomatique, mais aussi d'essais d'hommes de lettres français ayant entrepris le « voyage en Orient » ou d'essayistes politiques et journalistes célèbres. Ils employaient souvent l'expression, plus poétique et plus imagée, de « Levant » pour désigner les pays de la Méditerranée de l'Est (Grèce, Turquie, Syrie, Liban, Égypte, Lieux saints et Palestine). Cette expression a été remplacée aujourd'hui par celle de Proche-Orient – toutefois rarement employée, tant la notion de Moyen-Orient est devenue prédominante [1].

Reste que les contours de cette région varient selon les auteurs ou les institutions. Ainsi, les organismes internationaux, comme la Banque mondiale, emploient souvent l'expression très lourde de « Moyen-Orient et Afrique du Nord » (MENA en anglais, sigle devenu courant pour Middle East and North Africa) : cet ensemble géographique exclut bizarrement la Turquie, incluse en Europe, mais y intègre l'Iran aux côtés des pays arabes du pourtour méditerranéen (Libye, Tunisie, Algérie et Maroc). Dans la littérature anglo-saxonne ou française, les frontières du Moyen-Orient restent donc floues. Du fait de l'adhésion de la Grèce à l'Union européenne, il semble que la frontière occidentale du Moyen-Orient doive s'arrêter désormais à la Turquie – pourtant candidate elle aussi à devenir membre de l'Union européenne. Quant à la frontière orientale, il n'est pas toujours clair si elle s'arrête à l'Iran ou s'il faut y inclure aussi l'Afghanistan et peut-être même le Pakistan.

Quoi qu'il en soit, on ne peut manquer de souligner qu'au début du XXIe siècle, quel que soit le choix des frontières, le centre de gravité du Moyen-Orient est constitué de pays arabophones. Dans la littérature politique arabe, le monde arabe est divisé en deux grandes parties : le « Maghreb » constitue sa partie occidentale (outre les quatre pays d'Afrique du Nord déjà cités, la Mauritanie, dont l'arabe est également la langue officielle), par opposition à sa partie orientale, le « Machrek », qui regroupe les pays de la péninsule Arabique (Arabie Saoudite, Yémen, Koweït, Bahreïn, Qatar,

---

1 Pour plus de détails sur la délimitation de la région et les différentes conceptions géopolitiques de son contenu, voir Georges CORM, *Le Proche-Orient éclaté. 1956-2007*, Gallimard, coll. « Folio/Histoire », Paris, 2007, p. 63-110.

Émirats arabes unis, Oman) et l'ensemble des pays dits du « Croissant fertile » – ceux de l'ensemble syro-mésopotamien (Irak, Syrie, Jordanie, Palestine, Liban) –, ainsi que l'Égypte. Les pays arabophones sont regroupés dans la Ligue des États arabes, qui comprend vingt-deux membres (outre les pays cités, le Soudan, la Somalie, ainsi que Djibouti et les Comores en font partie). Aussi, une définition large du Moyen-Orient devrait aujourd'hui englober, par souci de cohérence, les vingt-deux États membres de la Ligue arabe, la Turquie et l'Iran, voire l'Afghanistan et le Pakistan, mais aussi les États de la région du Caucase, où le peuplement est largement d'origine turque ou iranienne et qui a longtemps été partie intégrante d'entités politiques turques ou iraniennes avant d'être conquis par la monarchie tsariste.

Dans cet ouvrage, qui privilégie la dimension géographique, nous n'incluons toutefois sous le terme de Moyen-Orient que les pays arabes du Machrek, la Turquie et l'Iran. En 2005, cet ensemble géographique de 7,2 millions de km² comptait plus de 330 millions d'habitants, principalement répartis en trois grands groupes ethnico-culturels : les Turcs ou Touraniens (environ 72 millions), les Perses ou Iraniens (environ 68 millions) et les Arabes (environ 177 millions). Mais cette région comporte également de nombreuses populations minoritaires, plus ou moins importantes numériquement et répondant à des définitions ethniques ou religieuses fort hétérogènes, comme les Kurdes, les Arméniens, les multiples groupes issus du christianisme et de l'islam, ou les Israéliens (6,9 millions). Ces derniers sont eux-mêmes composés de groupes de différentes origines ethniques et culturelles : d'abord les Juifs ashkénazes, essentiellement russes et polonais, qui ont constitué les pionniers de la colonisation de la Palestine dès le début du XXᵉ siècle ; à ceux-ci sont venus s'ajouter, en provenance des pays d'Afrique du Nord, les Juifs sépharades descendant en majeure partie des Juifs espagnols chassés lors de la Reconquista, ainsi que de nombreux Juifs de souche berbère – notamment marocains, tunisiens et algériens –, mais aussi des Juifs de souche yéménite, irakienne, égyptienne et même éthiopienne (les Falacha), qui ont émigré en Israël après la constitution de l'État en 1948 ; par ailleurs,

Israël a conservé une petite partie de la population arabe palestinienne, qui n'a pas quitté le territoire conquis en 1948.

Les entrelacements de la montagne, du désert et de la mer

Contrairement à une vision assez courante, cherchant à figer les peuples du Moyen-Orient dans leurs spécificités religieuses, ce sont d'abord la géographie et l'histoire, plus que l'anthropologie religieuse, qui permettent de les comprendre. Ces dimensions expliquent la difficulté de trouver des frontières géographiques précises à cette région du monde, ouverte à la fois sur trois continents et plusieurs mers. Tant par son étendue que par sa dispersion en milieux géographiques contrastés, également par la profondeur temporelle de son histoire, le Moyen-Orient apparaît à l'opposé de l'Europe. Cette dernière se caractérise en effet par sa compacité géographique, l'homogénéité climatique et la durée relativement courte de son histoire dans l'échelle des civilisations.

Car l'Europe n'est mal définie que sur son flanc est, où elle débouche au nord sur les grandes steppes glacées de Sibérie, au centre sur les steppes de l'Asie centrale et au sud sur les hauts plateaux et les montagnes d'Asie Mineure. À l'ouest et au sud, l'Atlantique et la Méditerranée lui servent de frontières naturelles. De dimensions réduites, elle jouit d'un climat homogène et tempéré dans sa majeure partie, avec une pluviométrie régulière et des sources d'approvisionnement hydraulique également réparties sur tout son territoire. Ses chaînes montagneuses, tout comme ses fleuves, facilitent relativement le découpage de ses entités politiques et la diversité de ses peuplements. Même lorsqu'elle sera dominée par des structures impériales, tel l'Empire romain, le Saint-Empire romain germanique ou l'Empire austro-hongrois, la modestie des distances et les facilités de déplacements à l'intérieur de l'Europe facilitent la gestion de ses populations. Les montagnes n'y occupent qu'un espace réduit, encadrant de vastes espaces de plaines fertiles irriguées par de nombreux fleuves et cours d'eau.

L'ouverture sur les mers, toujours proches, assure une grande circulation des hommes et des idées.

Tout autre est le Moyen-Orient, dont rien ne peut stabiliser les frontières, béantes sur l'Asie, l'Afrique et l'Europe. Ici, en effet, aussi loin que l'homme remonte, il a été habitué à vivre à un carrefour géographique et humain. Envahis et infiltrés tout au long de son histoire par des populations venant de ces trois continents, à travers le désert, la montagne ou la mer, les habitants du Moyen-Orient ont, eux aussi, appris à franchir les obstacles naturels les plus impressionnants, en particulier les déserts, qui le bordent de tous les côtés sur ses flancs sud, est et ouest. Enserrés entre des mers d'eau et des mers de sable, les Moyen-Orientaux ont aussi bien appris à naviguer dans la mer que dans le désert pour affirmer leur vocation de carrefour. De même qu'ils ont appris les langues de leurs conquérants et se sont imprégnés de leurs cultures ou de leurs religions.

Par beaucoup d'aspects, les caractéristiques géographiques du Moyen-Orient expliquent son histoire et ses traits culturels. En effet, les milieux géographiques y sont très diversifiés et fortement contrastés : le désert est bordé par la mer sur des milliers de kilomètres en Égypte et en Libye (la Méditerranée) ainsi que dans la péninsule Arabique (la mer Rouge et l'océan Indien) ; la montagne est aussi bordée par la mer en Syrie, au Liban, en Turquie (la Méditerranée, la mer Noire), en Iran (la mer Caspienne), dans le sud de la péninsule Arabique (mer Rouge et océan Indien) ; le désert est encadré par les montagnes, comme en Iran ; les plaines fertiles sont encadrées par le désert quand elles sont au niveau de la mer (Mésopotamie, Égypte) ou par les montagnes quand elles sont en altitude, de 1 000 à 2 000 mètres (Liban, Iran).

Sur de très courtes distances, on peut aussi passer d'un climat et d'un type d'habitat et de peuplement à un autre, violemment contrasté. Nulle part les milieux géographiques ne sont isolés par des obstacles naturels car, mis à part celles du Yémen, toutes les hautes chaînes de montagne d'Iran, de Turquie, d'Irak ou du Liban sont traversées de larges failles qui permettent un passage facile, l'arrivée sur les vallées fertiles ou les hauts plateaux semi-désertiques.

On peut identifier *six zones montagneuses* principales :

– les chaînes pontiques, qui couvrent tout le nord de la Turquie et qui dominent le littoral de la mer Noire au climat subtropical ; à l'est, à la frontière avec l'ex-URSS, ces chaînes atteignent 4 000 mètres d'altitude ;

– la chaîne du Taurus au sud de la Turquie, qui se prolonge ensuite dans la montagne des Alaouites, en Syrie, puis les deux chaînes du Mont-Liban et de l'Anti-Liban, bordant la Méditerranée. Les montagnes de la chaîne du Taurus atteignent 3 734 mètres au nord-est, cependant qu'à l'est, à la frontière irakienne, l'altitude s'élève jusqu'à 4 168 mètres. Les montagnes libanaises atteignent plus de 3 000 mètres dans leurs plus hauts sommets ;

– les chaînes du Zagros au sud de l'Iran, allongées sur 1 800 km de la frontière turque à l'extrémité du golfe Persique. L'altitude y dépasse parfois 4 500 mètres ;

– au nord de l'Iran, l'arc montagneux de l'Elbourz, dominé par le col volcanique du Demavend (5 678 mètres) et le massif de l'Alm Kouh (4 840 mètres), borde la mer Caspienne ;

– les montagnes du sud de la péninsule Arabique, culminant au Yémen à 3 760 mètres. L'influence de la mousson se fait sentir dans les chaînes yéménites, qui reçoivent un niveau relativement élevé de pluie, ce qui explique le surnom d'Arabie heureuse donné à cette région de la péninsule dans l'Antiquité ;

– les chaînes désertiques en bordure de la mer Rouge, le long des côtes égyptiennes et saoudiennes, ainsi que dans le sud de la péninsule du Sinaï où elles culminent à 2 637 mètres ; ces chaînes se prolongent en Jordanie, jusqu'à la vallée du Jourdain.

On voit donc l'importance des montagnes au Moyen-Orient ; si l'on y ajoute les plateaux anatoliens de Turquie, dont l'altitude varie entre 1 000 et 2 000 mètres, ainsi que les hauts plateaux iraniens, qui se situent parfois à plus de 2 000 mètres d'altitude, les hauts plateaux yéménites, la plaine de la Bekaa au Liban à 900 mètres d'altitude, on réalisera que le Moyen-Orient est très largement peuplé de montagnards. En fait, de très larges composantes des populations iranienne, turque, kurde, arménienne, libanaise et yéménite vivent dans de vastes espaces montagneux ou de hauts plateaux.

Les *espaces désertiques* sont aussi très nombreux ; ils sont parfois enserrés entre deux chaînes de montagnes, comme en Iran, bordés par la montagne d'un côté, la mer de l'autre. Les deux grands espaces désertiques sont incontestablement celui situé au centre de la péninsule Arabique, nommé Al Rub'al-Khali (environ 1 000 000 de km^2), et le désert égypto-libyen (plus de 2 000 000 de km^2), qui appartient au grand ensemble saharien. Plus modestes en étendue sont le désert du Neguev en Israël, prolongement du désert du Sinaï en Égypte, le désert syro-mésopotamien, prolongement de la péninsule Arabique, et le désert de Lout dans le Khorassan en Iran, célèbre pour le ciment de sel qui recouvre le sable et l'aridité totale qui le caractérisent.

Les deux *grandes plaines fertiles* du Moyen-Orient sont la vallée du Nil en Égypte et le bassin du Tigre et de l'Euphrate (principalement en Irak, mais qui déborde sur la Syrie où l'Euphrate fait un long détour). Cependant, la partie fertile de ce dernier ne dépasse jamais une largeur de 100 à 150 km. L'embouchure des deux fleuves se perd dans une vaste zone de lagunes et de marais de 150 km de long, qui s'ouvre sur le golfe Arabo-Persique à la frontière avec l'Iran. L'Euphrate, long de 2 330 km (dont 1 200 en Irak), a un débit moyen de 837 m^3/s ; il prend sa source, tout comme le Tigre, en Turquie. Ce dernier n'est long que de 1 718 km (dont 1 419 en Irak) ; grâce à cinq affluents qui prennent tous leur source en Irak, son débit moyen est de 1 400 m^3/s – il peut atteindre jusqu'à 13 000 m^3 en crue, contre 5 200 m^3 pour l'Euphrate.

La vallée du Nil en Égypte est beaucoup plus étroite que le bassin mésopotamien – la fertilité des sols ne s'étend que sur quelques kilomètres –, mais le fleuve se divise en neuf bras à partir du Caire, formant un delta de 24 000 km^2 de superficie et d'une longueur de 260 km en bordure de la Méditerranée. Il s'agit de la partie la plus fertile et la plus peuplée du pays. Le Nil prend sa source en Afrique de l'Est, au lac Victoria au Kenya ; il parcourt plus de 6 600 km avant de se jeter dans la mer, dont 3 000 en Égypte où cependant son débit est considérablement réduit (2 800 m^3/s).

En dehors du Nil, du Tigre et de l'Euphrate, le Moyen-Orient ne connaît pas d'autres grands fleuves. La fonte des neiges alimente certes de nombreux cours d'eau, mais qui n'ont qu'une existence éphémère du printemps au début de l'été, où la chaleur les fait vite disparaître par évaporation. La Jordanie et Israël avec le Jourdain, le Liban avec le Litani ont cependant des cours d'eau d'une certaine importance. L'importance du Bassin mésopotamien et de la vallée du Nil, mais aussi de la vallée du Jourdain et de la plaine de la Bekaa au Liban, où naissent le Litani et l'Oronte qui s'écoule ensuite vers la Syrie, atteste que le Moyen-Orient est aussi une terre de paysannerie plusieurs fois millénaire. Rien n'est plus frappant en effet que de voir, sur les bords du Nil ou de l'Euphrate, les paysans répéter les mêmes gestes que ceux décrits sur les monuments pharaoniques ou sur les stèles babyloniennes, vieux de quatre ou cinq millénaires.

Les *bords de mer*. Les mers bordent le Moyen-Orient de tous les côtés. D'Istanbul à Tripoli en Libye, c'est plusieurs milliers de kilomètres de côtes méditerranéennes qui bordent la Turquie, la Syrie, le Liban, Israël, l'Égypte. Le flanc est de l'Égypte, la péninsule du Sinaï sont bordés par la mer Rouge qui sépare l'Afrique de l'Asie et se termine par deux bras en forme de pinces enserrant le Sinaï : le golfe de Suez et le golfe d'Aqaba, dont l'extrémité borde la frontière jordano-israélienne. La péninsule Arabique est bordée par la mer Rouge face à la côte égyptienne, par l'océan Indien sur toute sa largeur, puis par les eaux du golfe Persique qui, en parallèle aux eaux de la mer Rouge, s'avance profondément tout au long de la péninsule Arabique à l'ouest et du plateau iranien à l'est – c'est la grande voie pétrolière du Moyen-Orient, en raison de la concentration des réserves d'hydrocarbures irakiennes, koweïtiennes, saoudiennes et iraniennes sur les rivages de cette mer. Enfin, au nord-est, la mer Noire enserre la Turquie et la mer Caspienne borde l'Iran. Entre les deux mers, les vastes plateaux montagneux d'Arménie et d'Azerbaïdjan se prolongent par la chaîne du Grand Caucase qui traverse la Géorgie.

Au Moyen-Orient, il existe donc de très longue date une nombreuse population de pêcheurs, de marins et de commerçants, marquée par le contact avec la mer, dont les Phéniciens représentaient l'archétype.

Ces données géographiques expliquent la climatologie de la région : la rencontre permanente des barrières montagneuses avec les plateaux et bassins fluviaux, des déserts avec la mer en fait une zone de dépression où les vents soufflent très souvent et permettent ainsi l'avancée du désert si l'homme n'intervient pas pour le contenir. La pluviométrie est très irrégulière, toujours brutale et de courte durée ; mais lorsque les neiges sur les hauts sommets ont été très abondantes, elle peut entraîner de grandes crues, catastrophiques pour les campagnes comme pour les villes. Les pluies sont concentrées sur quelques mois de l'année, entre novembre et mai ; elles peuvent atteindre 800 mm à 900 mm par an au bord de la Méditerranée, mais dépassent rarement 300 mm à 400 mm dans les zones continentales et tombent au-dessous de 100 mm en milieu désertique. Dès lors, sitôt que l'on sort des quelques zones irriguées par les fleuves, les activités agricoles dans les zones semi-arides ont un caractère aléatoire.

Toujours chaud et humide en plaine ou en bord de mer, sec et brûlant dans les zones continentales, le climat est très froid en hiver sur les montagnes et les hauts plateaux. En dépit de l'abondance des eaux fournies par la fonte des neiges, le Moyen-Orient manque d'autant plus cruellement de ressources hydrauliques que des années de sécheresse alternent avec les années de pluviométrie un peu plus fournie. D'où le caractère aride ou semi-aride des territoires, en dehors des grands bassins fluviaux ou de certaines montagnes telles celles du Yémen ou du Liban.

2

Le Moyen-Orient, centre et carrefour des civilisations

Une extraordinaire richesse culturelle

Le Moyen-Orient a connu une très grande diversité de régimes et de structures politiques, dans le cadre de grands empires et royaumes dont l'histoire s'étend sur six millénaires. C'est là que sont nées les trois grandes religions monothéistes – le judaïsme, le christianisme et l'islam –, mais aussi que la civilisation grecque et l'hellénisme ont fleuri et se sont développés, ce qui s'est effacé aujourd'hui des mémoires. L'hellénisme a pourtant profondément influencé les cultures de la région, comme il a été influencé par elles dans son développement. L'Empire romain s'est également installé en Orient et l'a marqué tout autant par ses institutions et son architecture. Son influence s'est prolongée très longtemps à travers la longue domination sur l'Orient méditerranéen de l'Empire byzantin, qui réussit la synthèse de la culture grecque et de la culture romaine, et qui ne disparut définitivement qu'au XVe siècle. C'est dire à quel point de nombreuses racines culturelles de l'Europe sont en fait situées au Moyen-Orient, mais aussi combien les grandes civilisations de cette région ont été influencées par la culture gréco-romaine.

Situé au carrefour de plusieurs continents, le Moyen-Orient, de plus, a toujours entretenu des liens étroits avec les civilisations asiatiques voisines et en particulier la civilisation indienne ; et il a aussi été en contact, dans sa partie méditerranéenne, avec les civilisations africaines qui ont influencé l'Égypte et les pays du Maghreb arabe. De même, les cultures turque et iranienne se sont répandues dans le Caucase et en Asie centrale. Par ailleurs, par la langue et l'histoire, la culture des pays du Maghreb arabe a été profondément influencée par celle des pays du Machrek.

Enfin, les trois grandes civilisations de la région, la perse, la turque et l'arabe, se sont très fortement influencées mutuellement dans la synthèse brillante qu'en fit la civilisation islamique classique des premiers siècles de son existence. La langue arabe devint alors celle de la haute culture cosmopolitique, elle-même prenant la succession de la culture araméenne et syriaque dont elle était très fortement imprégnée, ne serait-ce que par l'affinité linguistique, en sus des apports du persan et du turc, sans parler des nombreux emprunts au grec. Après une période de déclin au profit de l'arabe, le persan – qui adopte les caractères arabes, de même que le turc – connaît une renaissance exceptionnelle. De grands poètes, comme Hafiz et Omar Khayyâm, des hommes de science, philosophes et mystiques s'exprimeront en persan.

Aujourd'hui, en ces temps de fanatismes civilisationnels qui ont succédé à la fin de la guerre froide, l'Orient et l'Occident ont largement oublié la richesse de ces patrimoines culturels et la très longue histoire des influences culturelles réciproques au sein même du Moyen-Orient, comme entre l'Orient et l'Occident. Cet oubli est encouragé par le nouveau contexte géopolitique créé par les nombreux conflits qui continuent de déchirer la région et qui ont nourri le développement d'un terrorisme « moyen-oriental » ou « islamiste » : une nouvelle ligne de fracture semble s'être installée, dont l'épicentre se trouve en Méditerranée et qui sépare désormais les imaginaires respectifs de la culture politique occidentale et des cultures du Moyen-Orient.

L'origine profonde de cette fracture est en général attribuée à l'apparition de l'islam au VIIe siècle, dernier né des trois monothéismes rivaux, alors qu'elle est en réalité bien antérieure. L'histoire nous apprend en effet que c'est à l'intérieur même de la civilisation et de la culture gréco-romaines prédominantes en Méditerranée qu'est apparue, dès le IVe siècle, la coupure entre l'Église romaine d'Occident et l'Église romaine d'Orient (rupture qui sera consommée par le schisme du XIe siècle). Le terme même d'Occident, opposé à celui d'Orient, a été forgé pour marquer cette coupure à l'intérieur d'une même civilisation et d'une même religion. Elle n'existait pas à l'époque des Grecs anciens, quand l'Asie et l'Europe ne se voyaient pas comme des continents hostiles, en dépit des différences de cultures ou de religions, les Grecs eux-mêmes ayant longtemps été présents en Asie mineure et en Égypte [1].

Mais on ne peut comprendre cette complexité sans remonter plus loin encore, aux origines mêmes de l'histoire humaine.

La naissance de la ville, des dieux et de l'écriture

Carrefour humain et géographique, c'est en effet au Moyen-Orient que furent fondés les premiers sites urbains, dans le Bassin mésopotamien et la vallée du Nil ; et que, dès le IVe millénaire avant le Christ, les religions et l'écriture firent leur apparition, permettant l'avènement de la civilisation.

Les découvertes archéologiques récentes permettent de situer dans le bassin de l'Euphrate, aux Xe et IXe millénaires avant le Christ, l'apparition des premières petites agglomérations connues dans l'histoire de l'humanité. Sur les territoires actuels de la Syrie, du Liban et de la Palestine, les premiers sites urbains apparaissent au VIIe millénaire, comme celui de Ras Shamra au nord de la côte syrienne, qui semble avoir été fondé vers 6500 av. J.-C. – de même que celui de Buqras sur l'Euphrate. Le développement de la ville de Byblos, futur centre phénicien sur la côte libanaise, remonte à la fin du VIe millénaire. En Anatolie, les premiers sites villageois

1 Sur cette question, voir Georges CORM, *Orient-Occident. La fracture imaginaire*, La Découverte, Paris, 2002.

apparaissent aussi vers 6000 av. J.-C. (Chatel Hyùk, dans la plaine de Konya) et en Iran vers 6500. Le niveau technique de ces civilisations est déjà remarquable : céramiques et poteries, travail de l'obsidienne, vases et amulettes, fours... En Égypte, c'est entre 4500 et 4000 av. J.-C. qu'apparaissent les premières concentrations humaines sédentaires.

En Mésopotamie, au IVe millénaire, on se trouve en présence d'une civilisation déjà avancée, marquée par une véritable révolution urbaine qui va caractériser la brillante civilisation sumérienne, véritable « économie-monde » puisqu'elle a été en relation avec le continent indien. L'écriture cunéiforme, d'où seront issues les langues sémitiques (arabe, araméen, hébreu), se développe considérablement. De nombreux centres urbains (Eridou, Our, Ourouk, Lagash et Oumma) témoignent de fastes architecturaux. C'est aussi au cours du IVe millénaire que s'affirment les cités égyptiennes, en particulier Héliopolis (ville du Soleil) et Memphis.

Les villes sont le siège de pouvoirs royaux incarnant les divinités supérieures. De nombreux temples y abritent des clergés qui forment une structure administrative fondamentale. Les échanges commerciaux sont intenses. La civilisation suméro-babylonienne développera des codes juridiques, dont le plus célèbre est celui du roi Hammourabi (*circa* 1792-1750 av. J.-C.), réputé être l'« un des plus beaux documents de l'histoire universelle [2] ». La civilisation égyptienne, de son côté, développera les merveilles architecturales et picturales qui ont immortalisé ses grands pharaons et l'écriture de type hiéroglyphique. Il reviendra aux Phéniciens de mettre au point l'écriture alphabétique, dont les premiers éléments apparaissent à Byblos vers 1800 av. J.-C. et se développent à Ougarit à partir du XIVe siècle av. J.-C. C'est au Xe siècle av. J.-C. que l'alphabet phénicien est définitivement constitué à Byblos, puis adopté par les Grecs au VIIIe siècle av. J.-C., ainsi que par les Araméens, servant de la sorte de base à l'arabe et à l'hébreu.

À partir du XIIe siècle av. J.-C, les Grecs ont également considérablement développé l'urbanisme moyen-oriental. L'Asie Mineure

---

2 Paul Petit, *Précis d'histoire ancienne*, PUF, Paris, 1962, p. 25.

deviendra le siège de villes telles qu'Éphèse, Tarse, Milet, Heraclia, Pergame, Halicarnasse, Apamée, Séleucie, Laodicée, Europos. En Égypte, ce sera la fondation d'Alexandrie. Ce sera ensuite le tour des Romains d'ajouter leur touche architecturale aux villes du Moyen-Orient qu'ils conquièrent.

Depuis la plus haute Antiquité, le Moyen-Orient se distingue ainsi par un maillage de villes qui s'est densifié au cours des âges et qui a accumulé en strates les différents apports culturels, linguistiques et religieux. Souvent détruites au cours des millénaires, comme dans le Bassin mésopotamien, par des invasions de peuples nomades ou maritimes, ou des tremblements de terre, elles ont toujours resurgi de leurs cendres ou ont été rebâties à un emplacement voisin. Les invasions mongoles (1220-1258), succédant directement aux croisades, ont toutefois eu un effet dévastateur – on y reviendra – sur ce réseau très dense de villes, véritable socle culturel de l'histoire universelle.

L'Empire ottoman, à partir du début du XVIe siècle, en réunifiant le Moyen-Orient et en y assurant des conditions de stabilité et de sécurité, permettra la survie de ces villes. Mais ce sont les grandes expéditions archéologiques européennes au cours du XIXe siècle, suite aux premières missions scientifiques françaises accompagnant l'expédition de Bonaparte en Égypte, qui feront revivre les gloires passées des grands sites urbains des quatre premiers millénaires avant le Christ.

Les complexités du peuplement

Carrefour de continents, le Moyen-Orient est logiquement la terre de grands brassages humains entre populations de type sémite et de type indo-européen, mais aussi de type africain par la vallée du Nil et la Nubie. Forgée par l'orientaliste allemand A.-L. Schlözel, l'expression « sémitique » désigne un ensemble de langues apparentées, dont l'origine se rattache à la langue sumérienne et son écriture cunéiforme. On suppose que la plupart des peuples parlant des langues sémites tirent leurs origines de vagues migratoires en provenance de la péninsule Arabique et qui se sont sédentarisées dans le bassin de l'Euphrate et sur la côte méditerranéenne du Sinaï jusqu'au Taurus, soit la région du Moyen-Orient souvent appelée le « Croissant fertile », par opposition aux zones désertiques ou semi-désertiques ; Sumériens et Akkadiens, Élamites, Assyriens, Phéniciens, Cananéens, Araméens et Amorrites constituent les principaux rameaux de ces populations.

Mais tout au long de l'histoire du Moyen-Orient – que nous évoquerons plus en détail dans le chapitre suivant –, les diverses invasions de peuples rattachés au groupe de langues dites indo-européennes, en provenance de l'Oural et d'Asie centrale, ont abouti à des mélanges humains et civilisationnels complexes. Ce furent d'abord les Hittites, qui se fixèrent en Anatolie et fondèrent un empire puissant, dont l'apogée se situe au milieu du IIe millénaire av. J.-C. ; puis les Kassites et les Mitanniens, dont le centre d'implantation se trouve en Iran, suivis des Parthes, des Mèdes et des Perses.

À ces pénétrations tantôt pacifiques, tantôt guerrières, dont le centre de gravité se trouve sur les plateaux iraniens et anatoliens, s'ajoutent celles des peuples dits « de la mer », à l'origine du peuplement de la Grèce et de l'Asie Mineure anatolienne, jusque-là très peu peuplées : Aciens, puis Doriens et Philistins (qui immortalisèrent leurs noms dans celui de Palestine). Ruinés par ces invasions, qui avaient suivi celle des Hyksos, les pays du Croissant fertile et l'Égypte entrèrent en décadence. Aussi, l'influence des Grecs, des Romains et des Perses sur le Moyen-Orient restera prépondérante durant de longs siècles.

Les populations d'origine touranienne ou turco-mongole, en provenance de l'Oural et des monts Altaï, parlant des langues proches du finno-ougrien, n'apparaîtront au Moyen-Orient que beaucoup plus tard, à partir du Xe siècle de notre ère, après la venue de l'islam et les conquêtes arabes ; mais elles domineront l'Europe balkanique, le Moyen-Orient et l'Afrique du Nord du XVe siècle jusqu'au début du XXe siècle. Durant ces cinq siècles, de nombreux conflits armés les opposeront aux autres entités militaires et politiques en Iran et en Asie centrale, notamment avec l'avènement de la dynastie des Séfévides qui fait renaître la civilisation iranienne.

Enfin, lors des croisades du XIe au XIIIe siècle, Germains, Normands et diverses autres populations européennes laisseront aussi des traces de leur passage au Moyen-Orient, notamment à travers les noms que portent encore certaines familles libanaises et syriennes d'origine européenne, mais totalement arabisées. Après les croisades, les grandes villes italiennes qui dominent alors la Méditerranée laisseront également leur empreinte dans la région : Gênes et Venise, en particulier, exerceront une forte influence, notamment architecturale, sur les côtes moyen-orientales de la Méditerranée.

On réalise, à travers ce court exposé, la complexité du peuplement du Moyen-Orient et surtout sa profondeur historique, puisque l'on parvient aujourd'hui à dater et reconstituer dix à douze millénaires d'histoire, dont plus de huit avant l'ère chrétienne, contre à peine trois millénaires à l'Europe. Ces strates de civilisation et de peuplement d'origines diverses font de cette région, aujourd'hui appauvrie et éclatée en entités politiques artificielles sur le modèle de l'État-nation à l'européenne, une terre de complexité obscure. C'est pourquoi il nous faut examiner, par-delà les préjugés et les découpages politiques issus de la colonisation et de la décolonisation, les grands substrats culturels qui en forment la géologie civilisationnelle.

La géologie des cultures au Moyen-Orient

Il est impossible de figer le Moyen-Orient dans une image simple, permettant de fixer des caractéristiques ethniques ou culturelles. Si le mode de vie nomade a marqué de son empreinte la région, la permanence de la ville de haute civilisation, en dépit de l'environnement nomade et tribal, est également une constante plurimillénaire. L'influence nomade a d'ailleurs été très diverse, fruit de flux migratoires venant à la fois du sud (de l'Arabie en faisant usage du chameau) et du nord-est (des populations indo-européennes, puis plus tard touraniennes, faisant usage du cheval). Ce sont d'ailleurs les nomades du Sud qui bâtiront les grandes civilisations urbaines akkadiennes et sumériennes, ainsi que le formidable réseau de villes maritimes et commerçantes phéniciennes ; ceux du Nord bâtiront les deux civilisations perse et grecque, qui seront elles-mêmes très fortement influencées par le substrat antérieur sumérien et assyrien. Nomades et urbains ont donc établi une relation complexe, dont le grand historien et sociologue arabe Ibn Khaldoun décrira le modèle pour ce qui est de la civilisation musulmane classique.

L'opposition entre peuples sémitiques et peuples indo-européens (ou aryens) est donc fort peu pertinente pour une analyse des spécificités culturelles du Moyen-Orient. Cette opposition, que le XIXe siècle européen a popularisée notamment à travers les œuvres d'Ernest Renan et d'Arthur de Gobineau, est en réalité totalement artificielle, tant a été grande au cours des millénaires l'interpénétration de populations appartenant à ces deux grands groupes linguistiques. La langue arabe, langue sémitique par excellence, a fait de nombreux emprunts au grec et au persan, langues indo-européennes, cependant que le persan et le turc ont adopté l'alphabet arabe : on ne peut mieux constater la symbolique d'intermariage culturel et humain qui caractérise le Moyen-Orient. La dichotomie aryen/sémite n'a aucun sens, en dehors de la pure linguistique : les anciens Hébreux sont peut-être des nomades venus d'Asie dite aryenne ou indo-européenne, de même que les Philistins arrivés par la mer, lointains ancêtres des Palestiniens d'aujourd'hui, alors que l'image du Sémite a été bloquée par la culture européenne sur les Juifs et les Arabes... C'est aussi le contact avec les anciennes hautes civilisations mésopotamiennes, assyriennes et égyptiennes qui a contribué à façonner l'esprit grec, cependant que la culture grecque a profondément influencé toutes les cultures moyen-orientales, depuis les débuts du Ier millénaire av. J.-C. jusqu'à la fin de l'Empire byzantin en 1453.

Le contact des cultures a été particulièrement fécond dans le domaine religieux, où les grandes constructions théologiques des Sumériens et des Égyptiens, la vision du bien et du mal de la religion mazdéenne perse, ainsi que le platonisme grec ont concouru à former la structure religieuse du monothéisme, soit l'idée d'un dieu unique, législateur, ordonnateur de l'univers et juge suprême du bien et du mal. L'idée grecque de citoyenneté et de barbarie, transposée dans la dichotomie monothéiste entre « croyant » et « incroyant », jointe à la notion biblique de « peuple élu » et au substrat des anciennes théocraties égyptiennes, mésopotamiennes et perses, a contribué à ces systèmes sophistiqués de gestion impériale, incarnés après l'Antiquité dans les deux grands califats arabes des Omeyyades et des Abbassides, l'Empire byzantin et l'Empire ottoman.

La poésie et la musique des peuples nomades ont, de leur côté, considérablement influencé le développement artistique des différentes populations du Moyen-Orient et de l'Europe orientale. Grecque, bulgare, roumaine, turque, arménienne, kurde, caucasienne, iranienne ou arabe, la musique présente des similarités frappantes et des structures apparentées. Il en va d'ailleurs de même pour la cuisine, même si certaines villes, telles Ispahan, Alep ou Istanbul, sont aujourd'hui plus réputées que d'autres pour le raffinement et la variété de leurs mets.

Tous ces mélanges n'empêchent pas cependant aujourd'hui de distinguer au Moyen-Orient trois grands ensembles culturels et linguistiques, à l'intérieur desquels subsiste un pluralisme de type religieux ou ethnico-national : l'ensemble turc, l'ensemble iranien et l'ensemble arabe. Chacun d'eux a des prolongements importants hors du Moyen-Orient.

C'est ainsi que le *monde turc* s'étend à de nombreux peuples des républiques dites islamiques de l'ex-Union soviétique. Jusqu'à la Première Guerre mondiale, on trouvait de nombreux Turcs et turcophones en Grèce et dans les pays balkaniques, longtemps dominés par les Ottomans ; de même, de nombreux Grecs peuplaient encore les villes côtières turques. L'émergence de nationalismes sous l'influence des idées politiques européennes devait rompre ces mixités de peuplement, caractéristiques du Moyen-Orient et de la péninsule Indienne.

Dans les transferts de population et les massacres qui les accompagnent toujours, le cas le plus dramatique fut le génocide des

Arméniens, pris dans les politiques des puissances européennes, à la fin du XIXe siècle et durant la Première Guerre mondiale : environ 800 000 personnes devaient périr, victimes de la férocité des événements, du cynisme des puissances et des soubresauts de l'Empire ottoman agonisant. Les terroirs ancestraux arméniens, plus que millénaires, à l'est du plateau anatolien et autour du lac de Van, durent être abandonnés. Repliés en Arménie soviétique, au Liban ou en Syrie, et diasporisés en France et aux Amériques, les Arméniens ont ainsi perdu leur terroir d'origine. L'actuel territoire de la Turquie contient encore, dans la région d'Antioche, syrienne jusqu'en 1939, des Arabes en voie de turquification, mais surtout beaucoup de Kurdes (environ 8 millions) dans l'est de l'Anatolie et aux frontières avec l'Irak et la Syrie. En revanche, sur le plan religieux, la Turquie est relativement homogène, puisque les Kurdes et la majorité des Arabes encore présents sont de confession musulmane sunnite ; toutefois, toujours à l'est du pays, subsiste une communauté d'islam hétérodoxe, les Alaouis, forte aujourd'hui de cinq à six millions de membres.

Le *monde iranien* présente lui aussi un domaine complexe du point de vue du peuplement, du fait de la turquisation du nord du pays par les Turcs seldjoukides à partir du XIIIe siècle de notre ère. C'est ainsi que les Azéris forment en Azerbaïdjan iranien un bloc compact de sept à huit millions de personnes d'origine touranienne, qui se prolonge en fait au-delà des frontières dans la république nouvellement indépendante d'Azerbaïdjan (ex-province soviétique). Au sud du pays, dans le Khouzistan, vit un important groupe de populations arabes, extension du sud du Bassin mésopotamien irakien. À l'est, on trouve une population baloutche, extension du Baloutchistan pakistanais. Enfin, l'Iran compte des Kurdes, dans la zone frontalière avec la Turquie et l'Irak, des tribus turkmènes importantes, ainsi que des Arméniens et des Assyriens chrétiens. Sur le plan religieux, si l'islam chiite est la religion majoritaire, y compris chez les Azéris turcophones, les Arabes, Kurdes et Turkmènes sont sunnites. Sur le plan linguistique, outre le persan (farsi), langue dominante et officielle, et le turc, de nombreux dialectes sont parlés par les différents groupes nomades ou semi-nomades du pays, dans lesquels se mêlent le turc, le persan et l'arabe, témoignant bien, encore une fois, des interactions culturelles profondes qui caractérisent l'ensemble moyen-oriental.

Le *domaine arabe*, ou domaine sémitique par excellence, peut être divisé en quatre zones : l'Égypte et le Soudan ; les pays du Croissant fertile (ou Machrek) – Syrie, Liban, Palestine, Jordanie et Irak ; les pays de la péninsule Arabique – Arabie Saoudite, Yémen, Oman, Émirats arabes unis, Bahreïn, Koweït ; enfin, les pays d'Afrique du Nord (ou Maghreb) – Libye, Tunisie, Algérie, Maroc et Mauritanie. Maghreb et Machrek ont une histoire et un patrimoine communs, qui remontent à la période phénicienne. La conquête arabe y a fait disparaître le christianisme, mais non point le judaïsme. Si elle a donc largement islamisé cette région, elle ne l'a pas arabisée complètement sur le plan linguistique, les Berbères ayant réussi à conserver leur langue (amazigh) et différents dialectes. Ils sont très présents au Maroc et en Algérie, plus marginalement en Tunisie et en Libye.

L'*Égypte*, totalement arabophone et culturellement très homogène, présente une compacité de comportements et de mœurs caractérisée par une juxtaposition de vie rurale et de vie urbaine très dense, que l'on ne trouve guère dans les autres pays arabes de la région ou de l'Afrique du Nord. Seule la région de Nubie, au sud du pays à la frontière avec le Soudan, donne son caractère africain à l'Égypte, puisque la population y est noire, sans métissage avec la majorité blanche de la population. Le Sinaï et les bords de la mer Rouge n'ont qu'une très faible population de nomades. Musulmane sunnite, l'Égypte comprend cependant la plus importante concentration de chrétiens au Moyen-Orient, les coptes (environ six millions), qui sont les descendants directs des habitants de l'Égypte pharaonique. Il n'en est pas de même au Soudan, où seules les populations du nord du pays ont été totalement islamisées et arabisées, alors que celles du sud sont restées animistes ou sont devenues chrétiennes. Dans la seconde moitié du XXe siècle, une guerre civile a fait rage très longtemps entre ces deux parties du pays.

Dans les pays du *Croissant fertile*, on retrouve au contraire la grande diversité des milieux géographiques et humains du reste du

Moyen-Orient : nomades sédentaires ou semi-sédentaires, paysans de hautes montagnes, ruraux de plaines fertiles, citadins de souche millénaire. Si la langue et la culture arabes dominent et unissent les différents types de populations, l'islam chiite, ainsi que les nombreuses sectes musulmanes hétérodoxes et une pluralité d'Églises chrétiennes viennent donner à cette partie du monde arabe son originalité, en dépit de la prépondérance numérique de l'islam sunnite. Enfin, les Kurdes d'Irak et de Syrie ont souvent joué, à la différence des Kurdes de Turquie et d'Iran, un rôle politique non négligeable ; en Irak, en Syrie et au Liban, les Arméniens rescapés des massacres d'Anatolie ont aussi une place économique et politique (en particulier au Liban) non négligeable.

La *péninsule Arabique* est la troisième composante du domaine arabe, largement ouverte par la géographie et les flux migratoires historiques sur le Bassin mésopotamien et le Croissant fertile. Elle connaît elle aussi, de par ses structures géographiques, des milieux humains très variés : nomades du désert central, commerçants, pêcheurs et citadins des villes des côtes de la mer Rouge ou du golfe Persique, agriculteurs des montagnes du Yémen ou d'Oman en bordure de l'océan Indien. Si l'unité linguistique est totale, divers types d'islam caractérisent également la péninsule : chiisme d'une partie de la population vivant sur la côte est de l'Arabie Saoudite, à Bahreïn et au Koweït, mais aussi au Yémen, wahhabisme rigoriste en Arabie Saoudite, ibadisme à Oman. Comme nous le verrons, la découverte au XXe siècle des richesses pétrolières de la péninsule a provoqué des bouleversements socioéconomiques et politiques profonds, qui ont affecté tout le Moyen-Orient. En particulier, l'Arabie Saoudite va acquérir une influence immense sur l'ensemble du monde arabe et des pays musulmans, hors de proportion avec l'importance de sa population et de sa culture. Cette influence s'exercera au détriment des autres pays arabes, en particulier l'Égypte, qui jouait depuis le XIXe siècle un rôle majeur dans la renaissance du monde arabe.

La géographie physique, humaine et culturelle du Moyen-Orient fait ainsi de cette région du monde le centre historique de la civilisation humaine en Égypte, sur les villes de la côte syro-libanaise et dans le Bassin mésopotamien, puis, tout au long des millénaires, un carrefour civilisationnel intense. Les interactions culturelles, linguistiques, religieuses ont caractérisé les domaines arabe, iranien et turc, qui continuent jusqu'aujourd'hui d'entretenir des liens linguistiques et culturels intenses avec l'Afrique du Nord pour les Arabes, le continent indien et l'Asie centrale pour les Turcs et les Persans. L'importance de ce carrefour civilisationnel est attestée par les grandes étapes de l'histoire du Moyen-Orient, que l'on va maintenant évoquer plus en détail.

3

Les grandes strates de l'histoire du Moyen-Orient

Nos premiers pas dans la géographie physique et humaine du Moyen-Orient nous ont conduits à prendre la mesure de l'épaisseur historique de la région et de la profondeur de la géologie de ses cultures. C'est pourquoi il est maintenant possible d'exposer l'histoire de la région, en procédant, suivant la même méthodologie, à l'étude de l'évolution historique des entités qui l'ont successivement ou simultanément dominée. Afin de restituer à l'histoire du Moyen-Orient toute son ampleur, il nous est apparu plus fécond de sortir des systèmes de périodisation fixés pour l'histoire européenne – distinguant l'Antiquité, le Moyen Âge, la Renaissance, etc. –, ainsi que du prisme politique de l'analyse historique marquée par les découpages « nationaux » que s'est forgée l'Europe. Continuant sur la lancée de notre analyse de la géologie des cultures, nous aborderons l'histoire du Moyen-Orient à partir de la permanence de ses grands centres civilisationnels : la Mésopotamie et le Croissant fertile, l'Anatolie hélléno-turque, les plateaux iraniens et l'Égypte.

Cette exploration historique nous amènera jusqu'à l'époque contemporaine, lorsque ces quatre grands centres de culture et de civilisation, qui ont tous été le siège d'empires prestigieux, ne sont plus que des contrées en pleine décadence démographique, économique, militaire et culturelle. Aussi, rien n'arrêtera plus désormais la montée en puissance de la suprématie culturelle, politique et militaire européenne. Alors que l'Europe avait dû souvent jusqu'alors subir le choc d'invasions orientales, c'est désormais au tour de l'Orient de subir, tout au long du XIXe et du XXe siècle, le poids colonial ou néocolonial des puissances européennes, sans pouvoir réagir, tant est profonde la dynamique de la décadence – sur laquelle il conviendra de s'interroger ultérieurement.

Par une ironie cruelle de l'histoire, une fois terminée l'évacuation des puissances européennes du Moyen-Orient, cette région devra faire face à l'irruption du géant américain, en alliance étroite avec le nouvel État d'Israël, enfanté par les convulsions de l'histoire européenne. En 2003, la Mésopotamie est envahie par l'armée américaine, dont la présence s'était déjà développée dans le contexte de la fin de la guerre froide et de la libération de l'émirat de Koweït, occupé de façon éphémère par l'Irak en août 1990. Cet événement lourd de conséquences ne manquera pas d'avoir des répercussions profondes dans toute la région. Il a, en tout cas, semé un chaos sanglant dans ce pays de vieille civilisation et, loin de résoudre les problèmes de la région, il n'a fait que les exacerber.

L'histoire mésopotamienne (dite aussi babylonienne, chaldéenne et assyrienne)

Le Bassin mésopotamien, avec ses prolongements sur le plateau iranien à l'est, le plateau anatolien au nord et la côte méditerranéenne à l'ouest, est le berceau de la sédentarisation et de l'urbanisation. Il est aussi, aux côtés de la vallée du Nil, le plus ancien producteur d'histoire et l'archétype des structures impériales. Du VIIe millénaire avant le Christ à l'écroulement de l'Empire ottoman en 1919, ce sont ces structures qui vont organiser le Moyen-Orient et ses prolongements européen, asiatique et africain. L'enchaînement d'épisodes de morcellement en petites royautés puis de recomposition en unités impériales plus larges est une constante de l'histoire du Moyen-Orient. La structure impériale n'est jamais acquise, mais la cité-État royale n'est pas non plus durable. Le choc des flux migratoires et la dégradation de l'environnement agricole rythment les structurations et destructurations des entités politiques, dont les centres de pouvoir ont tendance à remonter du Sud « sémitique » vers le Nord « aryen ».

La basse Mésopotamie et la Chaldée (2370 av. J.-C.-640 ap. J.-C.)

Empires d'Akkad (2370-2230 av. J.-C) et d'Our (2111-2003 av. J.-C.). Il s'est bâti, à partir d'une invasion sémitique en provenance de la péninsule Arabique, sur le développement des premières agglomérations urbaines sumériennes (Ve millénaire), sur les sites d'Eridu, Uruk, de Lagash, d'Our. Ces premières villes furent détruites entre 3500 et 3000. La grande figure de cet empire est celle du roi Sargon, qui étendit sa domination jusqu'aux côtes méditerranéennes, au plateau anatolien et même peut-être aux franges du continent indien. Ce premier empire fut défait par une invasion des nomades goutites, qui, toutefois, laissa intacte l'activité économique des villes sumériennes. C'est ainsi que l'empire put renaître à la fin du IIIe millénaire et connaître un développement remarquable du droit civil et commercial qui prépara la venue du célèbre code d'Hammourabi au début du IIe millénaire.

Empires et royautés babyloniens (1984-1694 av. J.-C. et 1206-539 av. J.-C.). L'ensablement progressif du delta mésopotamien, l'augmentation de la salinité de ses eaux et les infiltrations nomades amènent au déclin des centres de pouvoir akkado-sumériens du bassin inférieur ; le pouvoir central renaîtra, en conséquence, plus au nord, à Babylone, au centre du Bassin mésopotamien. Déjà évoquée, la grande figure de l'Empire babylonien est le roi Hammourabi (*circa* 1792-1750), qui refait l'unité de la Mésopotamie et édicte un « code » qui porte son nom, gravé sur une haute stèle de basalte aujourd'hui conservée au Louvre. Ce code, qui fut le « grand apport de Babylone à la civilisation [1] », détaille l'ensemble des prescriptions

1 Jacques Pirenne, *Les Grands Courants de l'histoire universelle*, vol. I, Éditions de la Baconnière/Albin Michel, Paris, 1959, p. 31.

gouvernant les relations des différentes classes sociales, les transactions commerciales, financières et foncières, l'organisation de la justice par l'État, etc.

L'Empire babylonien entra en décomposition sous le coup des arrivées de nouveaux peuples nomades : les Kassites en provenance des plateaux iraniens, les Élamites aux origines inconnues et qui s'établissent en Chaldée (à l'est du Bassin mésopotamien), les Hittites et les Mitanniens arrivant d'Asie centrale, enfin les Araméens en provenance du désert syrien et les Assyriens en provenance de haute Mésopotamie. Mais Babylone restera un siège royal important pour les Kassites, de 1571 à 1153. Divers empires et royautés néobabyloniens voient le jour entre 1206 et 538 av. J.-C. C'est ensuite une longue période d'éclipse, due aux attaques des tribus araméennes et à la domination assyrienne, jusqu'à la mainmise d'une dynastie chaldéenne sur le trône de Babylone, dont le règne s'étend de 627 à 539 et qui conquiert l'Assyrie au nord et le couloir syrien jusqu'à Tyr. La figure dominante et tardive de cette période est le grand roi Nabuchodonosor II (605-562 av. J.-C.).

Empires et royautés achéménide, parthe et sassanide (539 av. J.-C.-640 ap. J.-C.). Avec la disparition des empires babyloniens et assyriens, la Mésopotamie et les pays du Croissant fertile vont être dominés, tantôt successivement, tantôt simultanément, par les Perses, les Grecs, les Romains et les Byzantins du VIe siècle av. J.-C. au VIIe siècle ap. J.-C. En 539, le roi achéménide Cyrus entre à Babylone et établit la domination perse sur le Bassin mésopotamien. L'Empire achéménide adopte cependant l'araméen comme langue officielle, témoignant ici encore de la mixité permanente des cultures au Moyen-Orient. Les Grecs séleucides, qui succèdent aux Achéménides, délaissent cependant la capitale babylonienne. Après l'intermède séleucide, le Bassin mésopotamien restera sous domination perse. Les Parthes, puis les Sassanides – qui établissent leur capitale à Ctésiphon, près de l'actuelle Bagdad – y régneront en maîtres jusqu'à l'arrivée des Arabes en 640. Et il faudra attendre le califat de Bagdad pour que la Mésopotamie redevienne un centre de pouvoir politique, d'influence dite « sémitique ».

La haute Mésopotamie assyrienne (2000-500 av. J.-C.)

On désigne par Assyrie la partie moyenne et haute de la vallée mésopotamienne, qui fut peuplée à l'origine par les Sumériens. L'histoire politique de l'Assyrie, tout comme sa cosmogonie et ses dieux, est intimement mêlée à celle des empires et royaumes sumériens. La première grande cité qui apparaît dans l'histoire porte ainsi le nom de son roi-dieu, Assour (vers 2500) ; entre les XXe et XVIIIe siècles, elle deviendra un grand centre commercial pour tout l'ensemble mésopotamien. L'Assyrie sera déchirée par des querelles dynastiques entre des rois sumériens et des chefs de tribus amorrites qui, à partir d'Assour, mènent des conquêtes militaires en Cappadoce, en Anatolie et jusqu'au Liban. Un premier empire (XIVe au XIIe siècle) à la vie politique instable est définitivement destructuré par des invasions en provenance du désert syrien de tribus araméennes et par celle des Élamites des plateaux iraniens. Un second empire (IXe-VIIe siècle) reprend les politiques de conquête et occupe le Croissant fertile et l'île de Chypre, ainsi que l'Égypte en 671. Deux figures majeures dans cet empire : celle de Sargon II (722-705), ou Sharron-Ken en assyrien, et celle d'Assourbanipal (669-626), qui s'installe à Ninive.

Ce sont les Mèdes, nomades de souche indo-iranienne, qui abattront définitivement la puissance assyrienne au Moyen-Orient, caractérisée par la violence de ses méthodes de conquête, les disputes dynastiques et un droit pénal très strict (avec mutilations et bastonnades), où la femme est plus exposée que l'homme au châtiment. La civilisation assyrienne, plus rude que la civilisation suméro-babylonienne de la basse vallée mésopotamienne, se rattache cependant à elle, aussi bien par l'origine humaine que par la langue et les structures sociales.

Avec la chute de l'entité assyrienne, la haute Mésopotamie devait cesser d'être le siège de structures politiques autonomes. Ses territoires et ses prolongements géographiques au confluent des monts anatoliens et de l'Azerbaïdjan resteront constamment disputés, au cours des siècles, entre Grecs, Turcs et Iraniens, sans compter l'importante présence arménienne, aujourd'hui disparue (voir *infra*). Cette région, qui a été adjointe en 1924 à l'Irak, est aujourd'hui massivement peuplée de Kurdes, de souche indo-européenne, qui ont été laissés sans État par les découpages coloniaux du Moyen-Orient, en dépit des dispositions du traité de Sèvres en 1921, prévoyant la constitution d'une entité politique kurde.

Le Croissant fertile et l'ensemble syro-mésopotamien

Cités phéniciennes et petits royaumes « sémites » (IIe et Ier millénaires av. J.-C.). C'est durant le IIe millénaire que les villes phéniciennes connurent leur apogée. Ras Shamra (près de Lattaquié en Syrie), Byblos (Jbeil) au centre de la côte libanaise et Tyr (Sour) à son extrémité sud furent des ports importants qui jouèrent un rôle fondamental dans l'économie du Moyen-Orient. Les Phéniciens fondèrent des comptoirs commerciaux tout le long des côtes méditerranéennes, dont la célèbre Carthage vers 814. « Les découvertes géographiques des Phéniciens, expliquait le géographe Élisée Reclus, leurs navigations lointaines autour de l'Europe et de l'Afrique, leurs voyages dans l'intérieur des terres, le long des fleuves et par les portages, les apports de métaux, de bois, de gommes, de tissus, de poteries, d'objets manufacturés de toutes espèces, que les archéologues ont retrouvés depuis en tant de contrées, préparèrent les tribus des forêts occidentales à la civilisation future en les mettant en rapports d'échanges les unes avec les autres. À eux surtout est dû ce travail de transition préhistorique sans lequel l'histoire proprement dite n'eût jamais commencé pour le monde européen [2]. »

La Bible a suffisamment popularisé l'histoire des tribus d'Israël pour qu'il soit utile ici d'y revenir en détail. Les Philistins venus avec les peuples de la mer furent longtemps en lutte contre les Israélites (XIIe et XIe siècles). C'est vers 1000 av. J.-C. que David établit le royaume d'Israël mais, dès le IXe siècle, la puissance du royaume israélite est réduite par les incessantes querelles intestines et

2 Élisée Reclus, *Nouvelle Géographie universelle,* tome IX, Paris, 1884.

l'influence grandissante des Assyriens, qui envahissent l'ensemble du Croissant fertile au VIIIe siècle.

Parmi les autres petits royaumes « sémites » du Moyen-Orient, on signalera le royaume de Palmyre du Ier au IIIe siècle ap. J.-C. : rendu célèbre par la forte personnalité et la beauté de la reine Zénobie, ce royaume fut caractérisé par une remarquable synthèse de la culture grecque et de la culture araméenne. Il faut aussi mentionner le royaume nabatéen de Petra (entre Amman et le golfe d'Aqaba), mélange de cultures grecque et arabe, qui dure du IIIe siècle av. J.-C. au début du Ier siècle ap. J.-C. On reste étonné de ce que ces royaumes aient pu se développer dans les parties totalement désertiques du Croissant fertile. Il faut signaler encore, dans le massif calcaire de la Syrie du Nord, l'important peuplement rural entre les IIe et VIIe siècles de notre ère, attesté par les restes d'environ sept cents villages [3].

Les conquêtes romaines et grecques. À partir du déclin définitif de la civilisation phénicienne, marqué par la chute de Carthage, grand centre de la puissance militaire phénicienne, en 146 av. J.-C., aux mains de l'armée romaine, l'ensemble syro-palestinien sera dominé de façon intermittente par l'Égypte ou par les Perses. Toutefois, cet ensemble va d'abord tomber aux mains d'Alexandre le Grand en 333 av. J-C., puis aux mains de l'Empire romain. Les Romains, en effet, après avoir vaincu les Carthaginois en Afrique du Nord (148-146 av. J.-C.), entreprennent la conquête de l'Égypte (47 av. J.-C.), puis celle de l'ensemble syro-mésopotamien.

Désormais, le Moyen-Orient est aux mains de l'Empire romain d'Orient, qui devient progressivement, à partir du Ve siècle, l'Empire byzantin, synthèse culturelle et politique des cultures grecque et romaine. Cette domination dure jusqu'à l'arrivée des invasions arabes en 634, qui refoulent la puissance byzantine sur le plateau anatolien et la font disparaître d'Afrique du Nord à partir de 659. La Méditerranée orientale aura donc été sous domination directe gréco-romaine environ neuf cents ans. Comme nous l'avons déjà

---

3 Georges TATE, *Les Campagnes de la Syrie du Nord du IIe au VIIe siècle*, Librairie orientaliste Paul Geuthner, Paris, 1992.

évoqué, cette domination, effacée des mémoires, a laissé une profonde empreinte sur les sociétés de la région et leurs cultures. En témoignent en tout cas les prestigieux vestiges architecturaux que l'on retrouve dans tous les pays arabes méditerranéens et en Turquie.

Les conquêtes arabes et les califats omeyyade et abbasside (659-945)

C'est la conquête arabe, dans le sillage de la prophétie monothéiste islamique, qui abattra définitivement la puissance perse et fera reculer l'Empire byzantin, qui dominait l'Égypte, l'Afrique du Nord et la façade méditerranéenne du Croissant fertile. Dans un premier temps, quatre califes, dits « califes justes », succédèrent au prophète Mohammed, siégeant à Médine (632-650). Le califat sera ensuite transféré à Damas durant environ un siècle (voir *infra*), avant de s'installer à Bagdad sous la dynastie des Abbassides.

Les califes musulmans, reprenant une terminologie assyro-babylonienne, se voudront les « vicaires de Dieu sur terre », mais aussi à travers la revendication de la succession temporelle du Prophète. Le règne des califes arabes sera cependant éphémère à l'échelle de l'histoire du Moyen-Orient, puisqu'il ne durera que trois siècles et demi. Certes, le califat abbasside va se prolonger nominalement jusqu'à la conquête ottomane au début du XVIe siècle, mais les califes abbassides avaient été chassés de Bagdad, détruite par les Mongols en 1258 (voir *infra*).

La force politique donnée aux Arabes par les conquêtes formidables qui les menèrent jusqu'en Espagne à l'ouest et dans toute l'Asie centrale à l'est s'épuisera très rapidement dans les querelles intestines liées à la succession du Prophète. Ce sont ces querelles qui donneront lieu au grand schisme entre sunnites et chiites, qui perdure jusqu'à aujourd'hui. Les premiers reconnaissent l'ordre et la légitimité des successions califales hors de la famille du Prophète ; les seconds, partisans d'Ali, cousin et gendre du Prophète (il fut le quatrième calife : 656-661), considèrent que la succession califale ne peut appartenir qu'à la famille directe du Prophète et ses descendants.

Ce fut le califat omeyyade de Damas (659-750) qui réalisa la conquête de l'Afrique du Nord et de l'Espagne, du Croissant fertile et de sa côte méditerranéenne, et de l'Iran. Le califat abbasside rétablit la Mésopotamie dans sa splendeur ancienne et fixa sa capitale à Bagdad, ville nouvelle fondée en 762, à trente kilomètres de Babylone. Les Abbassides, descendants de la famille du Prophète, furent portés au pouvoir par une coalition d'Arabes opposés aux Omeyyades (dynastie qui n'était pas issue de la famille du Prophète ou de ses proches compagnons) et d'éléments iraniens de la province du Khurasan. Cette coalition se présenta comme une restauration rigoriste de l'islam. C'est pourtant sous les Abbassides, en particulier sous le califat d'Haroun El-Rachid (786-809), mais aussi de Ma'mun (814-833), que cet Empire arabe brilla de tous ses feux et porta à son apogée la vie des arts, des lettres, de la philosophie et des sciences. La culture arabe assimila en effet le patrimoine de la philosophie grecque qui, à travers l'Espagne arabe, repassa plus tard en Europe : la liberté religieuse et philosophique y fleurit ; de même que la poésie, la musique, la médecine et l'astronomie.

Mais cet empire brillant fut dès le départ rongé par les querelles persistantes entre chiites et sunnites, le développement de très nombreuses sectes religieuses s'écartant des dogmes officiels sunnites ou chiites, et la montée en puissance des gardes prétoriennes turques ou iraniennes. À partir de la fin du IXe siècle et jusqu'au triomphe de la domination ottomane, elles se constitueront en centres de pouvoir (royautés, principautés, sultanats) indépendants et rivaux, dépossédant les califes de toute autorité effective. Parmi ces dynasties, citons les Bouïdes, Iraniens chiites des montagnes du Daylam en Iran (932-1055) qui prirent Bagdad en 945, les Samanides toujours en Iran (874-999), les Toulounides en Égypte et Syrie (868-905), les Hamdanides, dynastie arabe qui, à partir d'Alep, gouvernera le Nord de la Syrie (929-1003). La fin du IXe siècle voit aussi en Mésopotamie et dans la péninsule Arabique la célèbre révolte des Zeng, esclaves noirs (869-883), puis celle des Qarmates ismaéliens (doctrine dérivée du chiisme).

En 1055, Bagdad est prise par les Turcs seldjoukides, qui rétablissent le sunnisme comme dogme officiel. Mais le pouvoir seldjoukide s'affaiblit à son tour. Le 10 février 1258, Hülagu, à la tête des troupes mongoles, détruit Bagdad et exécute le dernier calife abbasside qui y règne encore nominalement, et dont certains membres de la famille iront se réfugier au Caire. La Mésopotamie retombe alors dans un déclin continu : longtemps disputée entre souverains des dynasties turques sunnites et dynasties iraniennes chiites, elle deviendra au XVIIIe siècle une province délaissée de l'Empire ottoman, jusqu'à l'occupation anglaise qui donne naissance à l'Irak moderne. Mais désormais, les populations du Croissant fertile et des côtes syriennes, libanaises, palestiniennes et égyptiennes sont définitivement arabisées sur le plan culturel. Les populations araméennes, chaldéennes, syriaques et assyriennes des anciens empires perse, néobabylonien et assyrien, ainsi que l'Égypte forgeront la culture arabe classique encore pratiquée de nos jours. En dépit du fait que l'arabe est la langue de révélation coranique, les différentes Églises chrétiennes des populations locales christianisées par les apôtres adopteront massivement, à des rythmes divers suivant les régions, la langue et la culture arabes ; les différentes variantes de langue araméenne (très proche de l'arabe), ainsi que le grec très répandu depuis la conquête d'Alexandre seront relégués au rang de langues liturgiques.

L'Andalousie sous domination arabe connaîtra un sort similaire à celui de l'ensemble syro-mésopotamien. La conquête de l'Afrique du Nord au nom du califat omeyyade de Damas, au détriment de l'Empire byzantin, avait été achevée en 699. En 711, les armées arabo-berbères traversent le détroit de Gibraltar – dont le nom est une contraction en langue arabe du mot montagne (*jabal*) et du prénom du chef militaire de l'expédition (Tarik). L'émirat fondé en Espagne, avec comme capitale Cordoue, s'émancipe de la tutelle du califat abbasside qui a remplacé le califat omeyyade en 773. Ce califat andalou, omeyyade d'origine, brillera lui aussi dans différents domaines, philosophique, religieux et scientifique (astronomie et médecine plus particulièrement), grâce à des figures prestigieuses comme le philosophe Ibn Rush, dit Averroès (1126-1198), Ibn Maimoun, dit Maïmonide (de confession juive, 1135-1204), le grand mystique Ibn Arabi (1165-1240), ainsi que les deux fameux voyageurs, Ibn Jobeir (1145-1217) et Ibn Battuta (1304-1377), qui ont laissé tous deux des récits célèbres de leurs voyages, sans oublier bien sûr le premier des sociologues, Ibn Khaldoun (1332-1406).

La même décadence que celle qui affectera le califat abbasside frappera le califat omeyyade de Cordoue. Sous le coup de violentes querelles intestines, il se scindera à partir de la fin du XIe siècle en petites principautés aux mains de seigneurs de guerre entretenant des hostilités permanentes. Cette décadence facilitera le succès croissant de la *Reconquista* espagnole, qui prend de l'ampleur dès cette époque : Tolède est perdue en 1085, Cordoue en 1236 et Séville en 1248. En 1492, Arabes et Juifs sont définitivement expulsés de la péninsule Ibérique

Histoire de l'Anatolie

Les Hittites (1650-1200 av. J.-C.)

Les premières traces des Hittites, notamment sur le plateau anatolien, sont très anciennes : elles remontent aux années 2300-2200 av. J.-C. Mais ils succombèrent sous le coup d'une invasion indo-européenne, dont le peuplement conserva le nom de « hittite ». La domination hittite s'est rendue célèbre par la conquête de l'Égypte pharaonique et de l'Assyrie (XIIIe siècle av. J.-C.). Au XIIe siècle av. J.-C., leur puissance s'effondre sous le coup des invasions des Doriens, qui viendront peupler l'Anatolie et formeront une des composantes humaines de la civilisation grecque. De petites royautés hittites survivront en Syrie ; au milieu du VIIIe siècle av. J.-C., les rois assyriens mettront fin à ces entités politiques.

Le Moyen-Orient grec (du IIe millénaire av. J.-C. au XVIe siècle ap. J-C.)

L'histoire mésopotamienne et assyrienne nous a déjà mis en contact avec les peuples du haut plateau anatolien, les Hittites et les Doriens, ancêtres des Grecs. Nous avons vu aussi l'influence des civilisations mésopotamiennes et égyptiennes sur le développement de la culture grecque. Du début du IIe millénaire av. J.-C. à la fin de l'Empire byzantin en 1453, la présence grecque au Moyen-Orient constitue une donnée historique fondamentale, que les histoires officielles ne mettent pas suffisamment en relief. L'Europe s'étant annexé le patrimoine grec, les cultures iranienne, arabe et turque contemporaines semblent à cet égard frappées d'amnésie. Pourtant l'histoire et la culture grecques sont arc-boutées sur l'Asie Mineure et les côtes méditerranéennes depuis la fondation de Troie ; outre les guerres incessantes avec les Perses et les fulgurantes conquêtes d'Alexandre, l'héritage grec du Moyen-Orient est surtout incarné par la longue domination byzantine, à laquelle succédera directement l'Empire ottoman.

Les civilisations égéennes (XXe-XIIe siècle av. J.-C.). Elles furent de grandes civilisations maritimes et marchandes, en contact permanent avec l'Égypte, l'Assyrie et la Mésopotamie, les villes phéniciennes des côtes syro-libanaises. Ce fut d'abord la civilisation crétoise (2000-1700), puis la civilisation achéenne (dite aussi mycénienne) entre le XVIIe et le XIIIe siècle av. J.-C., du nom du peuple indo-européen, les Achéens, qui envahit les îles de la mer Égée. Crétois et Achéens créent les premières villes d'Asie Mineure et de Cilicie (Troie, Colophon, Éphèse, Priène, Milet, etc.).

Les invasions doriennes et le développement de la puissance grecque (XIIe-Ve siècle av. J.-C.). Les invasions doriennes au XIIe siècle av. J.-C., d'origine indo-européenne, font connaître au monde grec une éclipse de civilisation, mais développent le peuplement de la Thrace et de l'Asie Mineure jusqu'à la mer Noire, et préparent la colonisation de l'Italie à partir du VIIIe siècle av. J.-C., puis des côtes libyennes. L'expansion grecque est cependant freinée par le développement de la puissance perse, ce qui donne lieu à la longue suite de guerres médiques entre les deux forces antagonistes qui se disputent le contrôle du Moyen-Orient. C'est dans ce contexte que se situe la célèbre bataille de Marathon (490).

L'Empire d'Alexandre (336-275) et les monarchies hellénistiques d'Orient. Les Ve et IVe siècles av. J.-C. voient le monde grec déchiré par les luttes hégémoniques entre cités. C'est de Macédoine, à la fin du IVe siècle av. J.-C., que se développe l'épopée d'Alexandre le Grand, qui part en 334 reconquérir l'Asie Mineure et l'Égypte sur les Perses. L'armée grecque reconquiert d'abord toutes les cités côtières d'Asie Mineure et descend le littoral jusqu'en Égypte, qu'elle délivre de l'hégémonie perse et où est fondée Alexandrie. D'Égypte, Alexandre part à la conquête de la Perse. L'Empire achéménide est défait définitivement à la bataille d'Arbèles en 331 ; Persépolis est détruite et les armées d'Alexandre sont accueillies en libératrices en Babylonie, où le conquérant établit sa capitale à Suse. Cinq années de campagnes militaires l'amènent jusqu'au bord du Gange, au cœur du continent indien, où ses troupes épuisées refusent de continuer plus loin. Son itinéraire l'a mené d'abord en Asie centrale jusqu'à l'emplacement de l'actuelle Samarcande. Il rebroussera chemin par le sud de la péninsule Indienne et mourra épuisé à Suse en 323, à l'âge de trente-trois ans.

Seules les conquêtes arabes représenteront bien plus tard un exploit similaire, qui voit des conquêtes militaires rapides et éphémères laisser des traces culturelles historiques de longue durée partout où sont passés les conquérants. Le Moyen-Orient restera aussi sous domination grecque jusqu'à l'arrivée des Romains au Ier siècle. À la mort d'Alexandre, son empire fut progressivement partagé par ses lieutenants. Au Moyen-Orient, Ptolémée eut l'Égypte et y fonda une dynastie, Antigone l'Asie Mineure (qui devint le royaume de Pergame, dont les Romains prirent le contrôle en 126), Séleucos la Mésopotamie et le Croissant fertile, où il fonda la dynastie des Séleucides, qui étendra son pouvoir sur l'Asie Mineure. Ce seront les armées romaines de Pompée, en 64, qui abattront l'Empire séleucide, et celles d'Octave, en 30, les Ptolémée d'Égypte.

L'Empire byzantin (395-1453). La longue domination de l'Empire byzantin fut précédée de l'hégémonie romaine en Grèce, puis progressivement en Asie Mineure et dans le Croissant fertile, dont nous venons de voir l'avancée. À l'avènement du christianisme, cette large zone du Moyen-Orient est constituée de provinces sous administration romaine. L'Empire romain est alors à son apogée, mais l'influence des provinces d'Orient y deviendra de plus en plus sensible ; Septime Sévère (193-211) fut un empereur originaire de la côte libyenne, Philippe dit l'Arabe (244-249) était originaire de

Syrie. Avec l'empereur Constantin (306-337), qui reconnaît la religion chrétienne, l'Empire romain cède en fait à l'Orient dont elle est issue et pose les fondements de l'Empire byzantin par la création de Constantinople (330). Son fils Constance y installera le siège de l'Empire.

Tout comme l'islam avec le califat, le christianisme fut le plus souvent une cause de faiblesse et de troubles dans l'Empire byzantin qui, tout en adoptant la culture grecque alors dominante en Asie Mineure, perpétue l'Empire romain que les invasions barbares ont totalement destructuré dans sa partie occidentale. Ce sont les querelles sur la nature divine ou humaine du Christ, la Trinité et le rôle de l'Esprit saint, l'autonomie des sièges d'Églises patriarcales qui vont déchirer les provinces byzantines puis séparer totalement l'Église byzantine dite orthodoxe de l'Église catholique romaine. Cette dernière s'obstinera dans la volonté d'affirmer la suprématie papale du siège de Rome vis-à-vis des autres grands patriarcats et, à leur tête, celui du siège de l'Empire, Constantinople. Le schisme entre les deux grandes Églises sera consommé en 1054. L'antagonisme entre les deux Églises était devenu si vivace au long des siècles que la quatrième croisade sera détournée de son objectif en Terre sainte pour attaquer l'Empire byzantin : en 1204, Constantinople est prise et pillée, et l'Empire sera partagé entre Vénitiens et Francs. Toutefois, bien que considérablement affaibli, l'Empire se reconstituera en Asie Mineure au sud de la mer Noire, à Trébizonde et à Nicée, où fut organisée la reconquête de Constantinople, qui eut lieu en 1261. Mais cet Empire, épuisé, meurt en 1453 lorsque sa capitale est définitivement conquise par les Turcs ottomans.

Les structures sociales et les comportements culturels au sein de l'Empire byzantin en font un espace typiquement moyen-oriental. La fidélité figée au passé, incarnée ici par le patrimoine grec classique, le césaro-papisme (en vertu duquel l'empereur domine l'Église et définit le dogme, qui devient loi étatique), les traditions juridiques qui font du droit byzantin, en particulier des codes théodosien et justinien, une synthèse du droit romain et des droits mésopotamien et assyrien, la prédominance de la structure de la famille agnatique (privilégiant la filiation patrilinéaire) : autant de caractéristiques communes à toutes les entités moyen-orientales, qu'elles soient perses, mésopotamiennes ou égyptiennes.

Cependant, la structure religieuse monothéiste et prophétique se prête moins que le paganisme classique grec ou babylonien à l'expression des sous-cultures que les groupes humains ont toujours besoin de développer. C'est pourquoi on trouvera l'Empire byzantin toujours en lutte contre l'« hérésie » qui se développe dans ses provinces. Le monophysisme (croyance dans la seule nature divine du Christ) et le nestorianisme (croyance en deux natures totalement séparées) ne pourront toutefois être réduits par l'Église byzantine. La première doctrine servira de ciment à l'autonomie de l'Église égyptienne contre la domination byzantine, et à celle de l'Église arménienne ; elle fera aussi de très nombreux adeptes en Syrie et dans les territoires de l'ancienne Assyrie (les jacobites) ; la seconde formera l'originalité du christianisme mésopotamien et chaldéen, et poussera des rameaux jusqu'en Inde et en Chine.

Mais ces querelles christologiques, qui prenaient des tournures très brutales et violentes, préparèrent le terrain aux invasions arabes de la Syrie, de la Mésopotamie et de l'Arménie, de la Palestine et de l'Égypte. Les conquérants, très proches culturellement des populations de toutes ces provinces byzantines (sauf de celles d'Égypte), et porteurs d'une nouvelle forme de monothéisme, furent presque partout reçus avec soulagement. L'extrême tolérance vis-à-vis du christianisme que manifesta la conquête arabe à ses débuts soulagea ces régions des énormes tensions religieuses qui les avaient caractérisées jusqu'ici. À Damas et à Jérusalem, chrétiens et musulmans prièrent d'abord ensemble dans les églises dont ils se partageaient l'usage ; en 638, le calife Omar entra à Jérusalem en affichant modestie et respect vis-à-vis des autorités religieuses.

C'est ainsi que l'islam entama sa conquête religieuse de cette partie du Moyen-Orient. Il commença cependant rapidement à se durcir lorsque des troubles intérieurs entre partisans du gendre du prophète Ali (quatrième calife) et ses successeurs assassinés ou disparus se développèrent, entraînant des surenchères rigoristes. Les dispositions de jurisprudence visant à mettre des entraves à l'exercice des cultes chrétiens (souvent inspirées des édits byzantins ou perses à l'encontre des cultes non officiels), ou l'aggravation de la fiscalité spécifique appliquée aux non-musulmans aboutirent à minoriser le christianisme. Celui-ci, toutefois, resta toujours autorisé à se maintenir dans la diversité de ses Églises, qui conserveront jusqu'à aujourd'hui leur autonomie et leurs spécificités que l'Empire byzantin avait tenté de réduire.

L'Empire byzantin parvint en revanche à stopper l'avance arabe au nord de la Syrie et même à reconquérir parfois des territoires. Et ce n'est que beaucoup plus tard, sous le coup des croisades et de l'implacable avancée turque, qu'il devait s'effondrer.

Les Arméniens au Moyen-Orient

Le peuple arménien trouve ses origines dans les invasions indo-européennes que connut le Moyen-Orient au XIIe siècle av. J.-C. et qui mirent fin à la domination hittite. Sa personnalité se forme vers le VIIe siècle av. J.-C. et il parvient à s'émanciper des Grecs et des Perses en 190 av. J.-C. Sous Tigrane le Grand, les Arméniens parviennent à étendre leur domination des monts du Caucase et de l'Est anatolien jusqu'à la côte syrienne. Leur premier royaume fut cependant éphémère et disparut avec la conquête romaine au début de l'ère chrétienne. Un second royaume est constitué du IXe au XIe siècle ap. J.-C., sous la dynastie des Bagratides.

Les attaques conjuguées des Turcs seldjoukides et des Byzantins, et la désunion des féodaux arméniens menèrent à la perte de ce royaume. Jusqu'au début du XXe siècle, les Arméniens restèrent une composante pleine de vitalité du Moyen-Orient, leur implantation géographique demeurant étendue de la Transcaucasie à la Syrie du Nord et la côte méditerranéenne. Les erreurs des puissances alliées au cours de la Première Guerre mondiale et les soubresauts de l'armée ottomane en déroute en firent les victimes de massacres et de déplacements forcés de populations vers l'Union soviétique et les pays arabes, qui ont profondément marqué le Moyen-Orient.

La lente conquête du Moyen-Orient par les Turcs seldjoukides puis ottomans

Venus de Sibérie et des plaines d'Asie centrale, les Turcs, après avoir joué un rôle important dans l'histoire chinoise, vont se tourner vers le Moyen-Orient, où ils forment leur premier État au Xe siècle ap. J.-C., dans le Caucase iranien. Cet État est musulman, mais les Turcs ont longtemps pratiqué le manichéisme et le christianisme nestorien. Le premier royaume d'importance fut celui des Ghaznévides (962-1040) qui régna aux confins de l'Iran, de l'Afghanistan et de l'Inde. Leur implantation en Asie Mineure se fit sous les Seldjoukides, appartenant aux tribus ghouzz implantées aux alentours de la mer d'Aral. Toghril-Beg fut le fondateur de la dynastie qui mit fin au royaume ghaznévide en 1038-1040, puis se tourna vers les possessions du califat abbasside. Bagdad est conquise en 1055, mettant fin au règne de la dynastie des Bouïdes, d'origine iranienne ; les Seldjoukides envahissent aussi la Syrie. De même, la plus grande partie de l'Arménie est conquise en 1054-1055.

Parmi les plus célèbres sultans seldjoukides, on doit mentionner Alp Arslan (1063-1072), qui envahit la Géorgie et achève la conquête de l'Arménie et de la Syrie. Face à ses troupes, en 1071, l'Empire byzantin subit à Mantzikert sa plus grande défaite militaire, qualifiée de désastre pour les Byzantins et qui consolida l'emprise seldjoukide au Moyen-Orient. L'autre figure célèbre de l'Empire seldjoukide fut celle du sultan Malik-chah (1073-1092), sous lequel la domination seldjoukide s'étend à l'Asie centrale. C'est sous son règne qu'apparut la secte des « Assassins », issue du chiisme ismaélien et qui se rendit célèbre par sa lutte contre le pouvoir sunnite des Seldjoukides, en pratiquant l'assassinat politique sur une grande échelle. Le centre de cette secte fut la forteresse d'Alamut, sur les hauts plateaux iraniens. Les Seldjoukides, en effet, comme le feront les Mamelouks, puis ultérieurement les Ottomans, consolidèrent partout l'islam sunnite et firent régresser le chiisme qui s'était épanoui jusque-là sous les Bouïdes et les Fatimides d'Égypte. Tout comme les Ottomans plus tard, ils maintinrent les autonomies et les privilèges des communautés chrétiennes et juives du Moyen-Orient.

À la veille du XIIe siècle, le sultanat seldjoukide domine toute l'Anatolie et la côte méditerranéenne, Byzance ne conservant comme profondeur asiatique que les côtes de la mer Noire. Divers chefs turcs, appelés Mamelouks, gouvernent l'Égypte et différentes parties de la Syrie, où ils s'efforcent de supprimer le chiisme encore très actif dans cette partie du Moyen-Orient. C'est au XIIIe siècle qu'apparaît la puissance ottomane, issue d'une tribu turcomane, qui va progressivement succéder à celle des Turcs seldjoukides, au service desquels s'est placé un chef de tribu dénommé Ertoughroul. C'est son fils Osman qui est considéré comme le fondateur de la dynastie vers 1280 et qui étendit son domaine aux dépens des Byzantins par la conquête des côtes de la mer Noire.

L'avance des grandes tribus turcomanes, qui avait été freinée par la succession des croisades (voir *infra*), l'expansion de l'Égypte, puis les invasions mongoles, reprend sous cette nouvelle dynastie. Sous Mourad Ier (1360-1389), les Ottomans élargissent leurs conquêtes en Anatolie et pénètrent en Europe où commence, à partir de la Thrace, la conquête des Balkans. En 1389, la bataille du Kosovo contre les Serbes est décisive : Mourad Ier est tué au combat, mais son fils Bayazid y reprend le commandement et mène les troupes ottomanes à la victoire. Il succède à son père comme sultan et dote l'Empire des institutions qui vont le consolider – il régnera jusqu'en 1402. Il devra faire face à de nombreuses insoumissions de tribus turques et à l'arrivée de Timurlenk (Tamerlan), qui reconquiert la Mésopotamie en 1394 et fait reculer le pouvoir des Mamelouks de Syrie.

Bayazid eut à faire face aussi à une nouvelle croisade à l'appel du pape Boniface IX ; composée de contingents de divers pays européens (anglais, écossais, bohémiens, autrichiens et italiens), elle fut arrêtée et battue par Bayazid à Nicopolis en 1396. En 1402, cependant, l'armée mongole de Timurlenk met en déroute l'armée ottomane à Ankara, au centre du plateau anatolien, et Bayazid est fait prisonnier. Il meurt en captivité en 1403 ; deux ans après, le conquérant mongol décède lui aussi.

Après un intermède d'une dizaine d'années, la reconstitution et l'extension de l'empire des Ottomans reprennent sous le règne de

Mehmet Ier (1413-1421). La capitale byzantine, Constantinople, est conquise en 1453 par le sultan Mehmet II (1451-1481), après un siège de cinquante-quatre jours. Le sultan ne procède pas à un pillage de la ville et confirme le patriarche dans ses pouvoirs sur la population chrétienne, garantie dans la possession de ses biens. En 1457, renommée Istanbul, cette ville devient la capitale de l'Empire. Les conquêtes ottomanes se portent alors vers la Moldavie, la Valachie et la Crimée, achevant la domination de la mer Noire.

Ce n'est qu'au XVIe siècle que les sultans ottomans entreprennent la conquête du Moyen-Orient iranien et arabe, lorsque, entre 1512 et 1517, tombent entre leurs mains l'Azerbaïdjan, l'Anatolie orientale, le Kurdistan et l'Arménie, puis la Syrie, l'Égypte (où ils mettent fin au pouvoir des Mamelouks) et l'Afrique du Nord. L'Empire connaît alors ses plus beaux jours sous le règne du sultan Soliman le législateur (1521-1586), dit aussi le « magnifique ». Ce dernier met en place une remarquable administration qui fera longtemps l'admiration et l'envie des souverains européens [4]. C'est aussi en 1529, dans leur poussée européenne, que les armées ottomanes assiègent une première fois – en vain – Vienne ; une seconde tentative échouera également en 1683, alors que l'Empire est déjà entré en phase de déclin militaire depuis la grande bataille maritime de Lépante (1571), sur les côtes adriatiques, où les flottes européennes affirment définitivement leur supériorité sur la flotte turque. En 1699, la paix de Karlowitz fait sortir définitivement la Hongrie du domaine ottoman et marque le début du recul de l'Empire sous la double pression de la Russie et de l'Autriche, qui s'exercera ensuite sans discontinuer sur cette dernière grande entité politique impériale, héritière de toutes les strates culturelles de la longue histoire du Moyen-Orient.

L'Empire ottoman deviendra alors l'« homme malade » de l'Europe. Seules les rivalités des puissances européennes entre elles, en pleine expansion coloniale et se disputant l'hégémonie sur tout le Moyen-Orient, retardent l'effondrement de l'Empire jusqu'à la

---

4 Lucette VALENSI, *Venise et la Sublime Porte*, Hachette Littératures, coll. « Pluriel », Paris, 2005.

fin de la Première Guerre mondiale, lorsque les armées alliées entrent victorieuses à Istanbul, Jérusalem, Damas et Bagdad.

Les croisades au Moyen-Orient (1096-1291) et les conquêtes mongoles (1227-1260)

Les neuf croisades et leurs conséquences

Les croisades constituent un moment émotionnel toujours présent aujourd'hui dans la conscience des Européens et des Moyen-Orientaux. À la différence des Byzantins, Turcs ou Iraniens, enfants de la région, les envahisseurs venaient de loin, pour bâtir de nouveaux royaumes et abattre la nouvelle religion monothéiste, l'islam, présentée sous les traits de l'Antéchrist. Cette période de l'histoire du Moyen-Orient a duré deux siècles, ce qui est considérable. L'historien Georges Tate, spécialiste de Byzance, qualifie cette période d'« épopée de deux cents ans qui a mis aux prises, de part et d'autre, des personnalités puissantes et audacieuses, et dont le résultat le moins contestable est d'avoir engendré une hostilité, une méfiance et une incompréhension réciproques qui dureront plusieurs siècles [5] ».

Les croisades apparaissent comme une réponse tardive de l'Europe chrétienne à l'invasion de l'Espagne par les Arabes et les Berbères. Elles sont déclenchées, d'ailleurs, après que cette domination musulmane sur l'Espagne a commencé à faiblir et que la *Reconquista* de la péninsule Ibérique a débuté. De même, en Sicile, les invasions normandes ont mis fin à la domination musulmane de l'île. Mais les croisades répondent aussi à des évolutions internes européennes, notamment au besoin de la papauté de redorer son blason dans les querelles qui l'opposent au pouvoir politique et qui

---

5 Georges Tate, *L'Orient des croisades*, Gallimard, coll. « Découvertes », n° 169, Paris, 1991. Comme on le verra dans la deuxième partie, cette méfiance sera ravivée, aussi bien lors de l'expansion coloniale européenne que lors de la création de l'État d'Israël en 1948, puis de l'invasion de l'Afghanistan en 2001, suivie de celle de l'Irak en 2003 par les États-Unis et leurs alliés européens.

l'ont considérablement affaiblie. La papauté trouve de son intérêt de freiner la montée du pouvoir temporel en Europe, en l'embrigadant dans une guerre sainte à l'extérieur du continent[6]. De plus, l'Empire byzantin, qui avait subi la lourde défaite de Mantzikert en 1071 contre les troupes du sultan seldjoukide Alp Arslan, appelait à l'aide la papauté et les souverains chrétiens d'Europe pour faire face à la menace turque. Les croisades aboutirent à l'établissement de royaumes latins en Orient, dont les principaux sièges seront Edesse, Antioche, Tripoli, Jérusalem et Chypre ; ils ne survivront qu'à coups de renforts venus d'Occident ou d'alliances fragiles avec des princes et sultans musulmans locaux.

On compte sept grandes expéditions. La première intervient à la suite de l'appel du pape Urbain II, le 27 novembre 1095, lors du concile de Clermont. Elle se met en branle en 1096 et conquiert Jérusalem en 1099, où elle établit un royaume, après avoir conquis Edesse et Antioche, où sont installés des comtés. Suite à la reprise du comté d'Edesse par les Turcs en 1144, une deuxième croisade est mise en route sous le commandement de Louis VII et de Conrad III ; mais les relations avec l'Empire byzantin deviennent très tendues, ce qui complique la progression des nouvelles armées européennes, lesquelles subissent des défaites successives jusqu'à l'échec de cette croisade en 1149. Il faut attendre 1189 pour qu'une troisième croisade soit constituée, en réponse à la reconquête de Jérusalem, en 1187, par le sultan ayyoubide d'Égypte, Saladin, lui-même d'origine kurde. Cette croisade est menée par des souverains européens prestigieux, tels Richard Cœur de Lion, Philippe Auguste et l'empereur germanique Frédéric Ier Barberousse (qui se noie au cours de l'expédition, ce qui entraîne le retour des bataillons allemands). Les croisés reprennent Saint-Jean-d'Acre en Palestine, mais échouent à s'emparer à nouveau de Jérusalem. La croisade est considérée comme terminée en 1191.

La quatrième croisade, initiée par les Vénitiens en 1202, a laissé de très mauvais souvenirs chez les chrétiens d'Orient, puisqu'elle se

6 Voir l'ouvrage phare de Claude Cahen, *Orient et Occident au temps des croisades*, Aubier, Paris, 1983.

détourne de son but pour prendre d'assaut et mettre à sac Constantinople, la capitale de l'Empire byzantin. Elle se termine en 1204. Elle aboutit à la création d'un Empire latin d'Orient qui dure de 1204 à 1261, cependant que le siège de l'Empire byzantin est transféré à Nicée. Désormais, la coupure est si irrémédiable entre la chrétienté d'Orient et celle d'Occident que les Byzantins préféreront au XVe siècle ouvrir et remettre leur capitale, Constantinople, au sultan turc Mehmet II que de faire appel à nouveau à l'aide de la chrétienté romaine.

La cinquième croisade sera un peu plus longue que les précédentes (1217-1221). Elle fut prêchée par le pape Innocent III en 1215, au cours du quatrième concile de Latran. Elle aussi fut quelque peu détournée de l'objectif premier des croisades, à savoir la reconquête de Jérusalem, car elle partit sans succès aucun à la conquête de l'Égypte. Le même sort sera réservé à la septième croisade (1248-1254), qui voulut à son tour occuper l'Égypte, sans plus de succès ; Louis IX, roi de France, y fut fait prisonnier en 1250 avec ses deux frères et dut payer une forte rançon pour recouvrer la liberté. En fait, la sixième croisade (1228-1229) avait auparavant obtenu la restitution pacifique de Jérusalem, mais elle avait été menée par l'empereur germanique Frédéric II sans l'aval du pape, car excommunié par lui, et sans son soutien militaire. L'accord de Jaffa, conclu entre Frédéric II et le sultan Al-Kamil en 1229, prévoyait d'ailleurs que les musulmans continueraient de gérer leurs Lieux saints. En 1244, Jérusalem sera reconquise par la force des armes turques.

En 1270, Louis IX (le futur saint Louis) entreprend la huitième croisade : elle lui coûtera la vie et n'eut aucune conséquence militaire. Et en 1271, le roi Édouard Ier d'Angleterre entreprend la neuvième et dernière croisade, sans plus de résultat. Dès 1268, la principauté d'Antioche avait été reconquise par les Turcs ; la reconquête turque du comté de Tripoli en 1289, puis de celui d'Acre en 1291 achève d'effacer la présence politique de l'Europe chrétienne en Orient. Celle-ci demeurera cependant encore trois siècles sur l'île de Chypre, jusqu'à sa conquête par les Ottomans. Pour autant, cette présence ne disparaît évidemment pas sur le plan humain : elle se perpétuera par la survivance de nombreuses familles européennes qui feront souche au Levant ; certaines se convertiront à l'islam et s'arabiseront sur le plan linguistique, d'autres se contenteront d'adhérer à l'une des Églises orientales tout en adoptant la langue et les mœurs locales.

Cette période fut houleuse, succession d'hostilités, de trêves et d'alliances amicales entre rois, princes et comtes européens souvent en désaccord entre eux, et différents princes, rois et sultans turcs ou arabes eux aussi en rivalité. Les communautés chrétiennes locales en souffrirent le plus, souvent déchirées entre leurs affinités avec les musulmans et l'appel des croisés à chasser l'islam et à rétablir la souveraineté politique du christianisme en Orient.

En fait, dès le début du XIIIe siècle, les Européens comme les Turcs doivent faire face à la menace mongole qui se profile. Dans ce contexte, les États latins d'Orient nés des croisades avaient peu de chances de subsister. Un peu plus tard, nous y reviendrons, pour arrêter l'extension de la puissance turque ottomane en Europe, d'autres croisades, bien plus éphémères, auront lieu pour tenter d'expulser cette présence menaçante de la Thrace et des Balkans.

Les invasions mongoles

Les disruptions provoquées par les croisades ne sont pas achevées que le Moyen-Orient doit faire face aux invasions mongoles, qui arrivent d'Asie centrale par les couloirs iraniens. Deux figures dominent ces invasions et les changements assez considérables qu'elles apporteront en Orient. La première est celle de Temuchin (1167-1227) : après avoir unifié les tribus mongoles en 1197 et s'en être fait reconnaître le souverain, il part, à l'âge de cinquante ans, à la conquête du monde. En 1206, il achève la conquête des steppes asiatiques et se fait reconnaître empereur sous le nom de Gengis Khan. Il part ensuite à la conquête de la Chine – Pékin est conquise et pillée en 1215 –, avant de se tourner vers l'Asie centrale, alors sous la domination du sultanat de Khawarizmi, qui a succédé à celle de l'Empire seldjoukide. Toutes les parties de l'Iran oriental, s'étendant alors à l'Afghanistan et jusqu'aux confins de l'Inde, sont conquises et les différents sultanats turcs ou iraniens pulvérisés (1223-1224). En 1220 et 1221, Boukhara, Samarcande et Nichapour sont rasées par les troupes de Gengis Khan. Dès 1222, les troupes mongoles arrivent dans les steppes de la Russie méridionale et au Caucase.

Après la mort de Gengis Khan en 1227, son fils Ögöday reprend les conquêtes en 1235. Il achève en 1243 la disparition de l'Empire seldjoukide, qui ne domine plus que l'Anatolie, et il se lance à la conquête de la Russie, de l'Ukraine, de la Hongrie, des Balkans et du Caucase. Le Danube est franchi en 1241 et la ville de Belgrade est conquise. L'irrésistible conquête mongole n'est arrêtée que par la mort d'Ögöday, cette même année. Après les deux courts règnes de Güyük, fils d'Ögöday (1246-1248), puis de Möngkä (1251-1259), le pouvoir revient à Hülagu, petit-fils de Gengis Khan. C'est lui qui avait déjà commandé le mouvement des armées mongoles vers la Mésopotamie, où, en 1258, on l'a vu, il avait conquis et détruit Bagdad – durant dix-huit jours, la prestigieuse capitale du monde musulman fut pillée de fond en comble et ses richesses culturelles disparurent. Il en sera de même pour d'autres villes prestigieuses de Syrie et du Croissant fertile, telles qu'Antioche et Tripoli, célèbre pour sa très riche bibliothèque. Hülagu parviendra aux portes de l'Égypte, mais il sera battu, à la bataille d'Aïn-Djalout en Palestine en 1260, par le souverain mamelouk régnant, le sultan Kutuz. Les Mamelouks parviendront ensuite à chasser les Mongols de Syrie et de Palestine. L'Empire mongol est alors fixé sur les frontières du mont Zagros, qui sépare l'Iran de la Mésopotamie. Dans la région, seul le territoire égyptien a ainsi évité les destructions causées par les armées mongoles : l'ensemble syro-mésopotamien a été ravagé et ne se remettra pas du double choc des invasions successives des croisés et des Mongols.

Mais si ces derniers sont restés célèbres dans l'histoire, ce n'est pas seulement pour leurs exploits militaires, mais aussi pour la liberté religieuse qu'ils permirent dans leur empire. Après les horreurs des conquêtes, l'égalité des cultes était respectée dans les territoires conquis et désormais pacifiés, et les souverains s'entouraient indistinctement de conseillers de toutes les grandes religions.

Notamment, l'influence des chrétiens nestoriens d'Iran et de l'Extrême-Orient fut forte à la cour des souverains mongols, comme celle des bouddhistes. La religion musulmane y perdit ainsi un moment, en Asie centrale et en Iran, la position éminente qu'elle avait acquise sous les Arabes, les Turcs et les Iraniens. Sur des territoires s'étendant de la Méditerranée au Pacifique, la « paix mongole » fut ainsi le dernier moment de syncrétisme et de tolérance religieuse au Moyen Âge [7]. Mais cet « âge d'or » – selon l'expression de Chantal Lemercier-Quelquejay –, accompagné d'un essor économique remarquable, n'a guère duré.

En 1295, Il-Khan Ghazan se convertit à l'islam. L'emprise mongole sur le Moyen-Orient refluera après la mort de son neveu Abou Saïd, en 1335. Près d'un siècle plus tard, un descendant de la dynastie mongole, Tamerlan (ou Timurlenk, 1336-1405), reprit le mouvement de conquête avec l'appui de tribus turques : il fut à l'origine de l'Empire des Moghols aux Indes (1526-1858), qui réalisa lui aussi la synthèse de la civilisation indienne et de la civilisation musulmane, dont le flambeau est désormais passé définitivement aux mains des Turcs et des Iraniens et où la contribution des Arabes ne sera plus que marginale.

L'histoire des empires iraniens

Le premier grand empire que l'on peut classer sous la dénomination de « perse » fut celui des Mèdes, au VIIe siècle av. J.-C., qui se prolonge un siècle plus tard dans la domination des grands souverains de la dynastie achéménide. L'empire s'étendra alors du bassin de l'Indus à la Méditerranée, recouvrant toute l'Asie mineure et la Thrace, le Bassin mésopotamien, la Syrie et l'Égypte, conquise en 525 av. J.-C. par Cambyse. C'est Cyrus II qui fonde, au VIe siècle, la grandeur des Perses ; Darius (522-486) devait consolider l'empire et installer sa capitale administrative à Suse en Chaldée et la capitale

7 Voir Chantal Lemercier-Quelquejay, *La Paix mongole. Joug tatar ou paix mongole ?*, Flammarion, Paris, 1970 ; et aussi René Grousset, *L'Empire mongol*, Payot, Paris, 1941.

religieuse de l'empire à Persépolis. Cyrus resta célèbre dans l'histoire, après les violences assyriennes, pour sa politique libérale vis-à-vis des populations conquises. Sous Xerxès, la conquête de la Grèce échoua après la défaite navale de Salamine (480), qui succède à la défaite de Darius à Marathon en 490 ; l'Empire perse échoue dans sa conquête de la Méditerranée. Il se désagrégera en « satrapies » (gouvernorats) pratiquement autonomes du pouvoir central, puis passera sous contrôle grec avec les conquêtes d'Alexandre.

Le second Empire perse se fonde à partir du royaume parthe (250 av. J.-C.-226 ap. J.-C.), formé d'une population d'Iraniens et de Scythes, sur les bords de la mer Caspienne au milieu du IIIe siècle. Ce royaume, qui reste confiné aux hauts plateaux iraniens, renforce la religion zoroastrienne et prépare l'avènement du grand Empire sassanide (IIIe-VIIe siècle ap. J.-C.), lequel ne s'effondra qu'avec les conquêtes arabes et combattra contre l'extension de l'influence romaine puis byzantine au Moyen-Orient.

L'Empire sassanide recentra le socle iranien sur la Mésopotamie, mais ne parvint pas jusqu'aux côtes méditerranéennes, sinon de façon très épisodique : il resta exclu d'Anatolie, mais domina toute l'Arménie et l'Azerbaïdjan, ainsi que les haute et basse vallées mésopotamiennes, durant plusieurs siècles. Sa capitale, Ctésiphon, sur les bords du Tigre, à l'emplacement des anciennes capitales néo-babyloniennes, fut, avec Constantinople et Alexandrie en Égypte, un des grands centres de civilisation des premiers siècles après la naissance du Christ. La très forte influence de la religion zoroastrienne et de son clergé dans la gestion du pouvoir impérial fut une barrière efficace à l'extension du christianisme dans cette zone du Moyen-Orient. Toutefois, les christianismes « hérétiques » furent reconnus et acceptés dans les frontières de l'Empire, en Arménie sous la forme monophysite et en Mésopotamie sous la forme nestorienne, où il se perpétue jusqu'aujourd'hui. C'est aussi durant le règne de Shapur Ier, au IIe siècle, que Mani exerça sa prédication religieuse qui eut une influence durable à travers le développement des idées gnostiques dans les trois monothéismes et sur l'hindouisme.

La force des anciens clergés zoroastriens, elle-même héritée des anciennes structures politiques et religieuses des empires babyloniens et assyriens, se perpétue jusqu'à aujourd'hui dans la forte influence politique des clergés chiites en islam. C'est en effet en Iran que le chiisme d'origine arabe retrouvera plus tard ses points d'appui avec la dynastie des Séfévides (voir ci-dessous). Le chiisme, qui avait dominé un moment le Moyen-Orient musulman (Xe-XIe siècle) lors de la décadence abbasside et de l'influence ismaélienne en provenance du Caire, sous les souverains fatimides, devra considérablement reculer durant toute la période d'hégémonie turque. Les Turcs, en effet, assiéront leur légitimité sur la restauration du sunnisme et la fixation définitive du dogme et des jurisprudences, mettant ainsi un terme à l'exceptionnelle floraison d'écoles philosophiques et de sectes hétérodoxes à tendance syncrétiste qui caractérise la vie religieuse des premiers siècles de l'islam. Le chiisme et les principales sectes survivront cependant à travers les siècles, se fixant souvent dans les zones montagneuses où ils échappent au contrôle du pouvoir central. Druzes du Liban et de Syrie, alaouites de Syrie et de Turquie, ismaéliens répandus dans toute l'Asie centrale et mineure, yézidis en Irak et en Syrie en sont le témoignage.

Contrairement à la vision dominante d'une religion monolithique, l'islam reproduira ainsi la même tendance à l'émiettement de la croyance monothéiste en théologies et cultes différents et opposés que le christianisme a connus, de même que le judaïsme. Nés en Orient, les monothéismes n'ont pu échapper à la permanence déguisée du pluralisme païen dans l'expression des cultes religieux. Ce pluralisme, à notre sens, ne serait que l'expression des particularismes tribaux et ethniques qui caractérisent toutes les sociétés humaines. Les anciens cultes païens ou les religions d'Extrême-Orient à base éthique et de perfectionnement individuel permettent mieux aux diversités ethniques de se perpétuer, sans drames politico-religieux permanents. C'est incontestablement ce qui a fait la force des empires païens au Moyen-Orient et leur longue durée.

Le chiisme, lui aussi, survivra donc à la domination turque, à travers l'influence des dynasties de souche iranienne, tels les Tâhirides et les Bouïdes, ainsi que le développement de l'ismaélisme à partir de la brillante civilisation de la dynastie des Fatimides en

Égypte. Fondée en 1501 par Chah Ismaïl, la dynastie des Séfévides, issue des tribus turcomanes sunnites et influencée par l'ordre mystique fondé par le cheikh Safi al-Din (d'où le nom de Séfévide), fera progressivement du chiisme la religion officielle du nouveau royaume. Cette dynastie rétablit un vaste État iranien, dont les ambitions se développent en Azerbaïdjan, au Caucase et en Asie centrale, mais aussi en Afghanistan, puis même aux Indes, sans compter les nombreuses campagnes militaires pour reconquérir la Mésopotamie devenue ottomane depuis le début du XVIe siècle.

En réalité, la renaissance iranienne après les invasions arabes a commencé dès le IXe siècle. Elle s'est d'abord manifestée par la renaissance du persan, qui avait été éclipsé par l'adoption de l'arabe, langue de la prophétie coranique devenue langue de culture et de sciences, notamment durant les deux premiers siècles du califat abbaside. Avec le déclin de cet empire, s'affirme le développement de dynasties d'origine iranienne, tels les Samanides (873-999), ou turque culturellement iranisée, tels les Ghaznévides (999-1030), qui développent des grands centres de rayonnement culturel à Boukhara et Samarcande. La poésie persane connaît à cette époque un essor remarquable, avec des poètes tels que Dakiki (935-980), Firdûsî (932-1000), Omar Khayyâm (1048-1131), Saadi (1213-1292) et Hafiz (1326-1390). C'est aussi le cas de la philosophie avec le très célèbre Ibn Sina (980-1037), connu en Occident sous le nom d'Avicenne, mais dont la plupart des œuvres sont écrites en arabe. Progressivement, la langue arabe recule et elle est restreinte chez les peuples musulmans non arabes à l'étude de la religion. C'est le persan, désormais écrit en caractères arabes, qui devient la langue de haute culture au Moyen-Orient, mais aussi en Asie centrale et dans l'Inde musulmane.

Sous le règne de Chah Abbas Ier, la capitale du royaume iranien est établie en 1598 à Ispahan, où seront érigés de nombreux joyaux architecturaux. Mais l'histoire du nouveau royaume est caractérisée par une série de guerres permanentes, aussi bien pour soumettre les tribus et provinces rebelles que pour résister aux invasions ottomanes et pour étendre les frontières. Les guerres féroces pour le contrôle du Moyen-Orient qui vont se dérouler entre

Ottomans et Séfévides vont épuiser ces deux empires et en faire une proie facile face aux ambitions expansionnistes, européenne et russe, qui se font de plus en plus sentir.

Après une période de décadence et de décomposition du pouvoir (1747-1779), c'est finalement Aqa Muhammad Khan, le chef de la tribu des Qâdjâr, elle aussi d'origine turkmène, qui réunifie le royaume et fonde une nouvelle dynastie. La capitale est transférée à Téhéran en 1795. Politiquement, la Perse restera très affaiblie et ne pourra réagir à la montée en puissance inexorable de la Russie dans le Caucase et en Asie centrale, mais aussi à celle de la Grande-Bretagne, première puissance coloniale au Moyen-Orient et aux Indes. En 1925, le dernier roi Qâdjâr est déposé, sous la pression des aspirations réformistes des bourgeoisies urbaines d'Iran ; le règne des Pahlavi, qui accèdent alors au trône, se terminera en 1979, lorsque les religieux chiites, avec l'assentiment des puissances occidentales, prennent le pouvoir.

L'Égypte au Moyen-Orient

L'histoire de l'Égypte au Moyen-Orient a plus été celle de sa civilisation et de son rayonnement que celle de ses conquêtes militaires. L'unité politique de la vallée du Nil que réalisent, à la fin du IVe millénaire av. J.-C., les pharaons de l'Ancien Empire va désormais se suffire à elle-même. Les frontières de l'Égypte sont alors définitivement fixées et ne bougeront plus jusqu'aujourd'hui. C'est la différence fondamentale qui sépare l'Égypte du reste du Moyen-Orient et qui lui assure, par-delà toutes les vicissitudes de son histoire, une influence durable sur l'ensemble de la région. L'influence de l'art et du commerce égyptiens se fera sentir dès le IVe millénaire sur les côtes méditerranéennes et les cités phéniciennes.

Après une période d'éclipse due aux invasions des Hyksos, peuples nomades aux origines encore mal déterminées, le Nouvel Empire (1590-1085) va procéder à un renforcement considérable des défenses de l'Égypte et se lancer à la conquête de l'Asie Mineure, où il arrivera jusqu'au bassin de l'Euphrate. Au XIIIe siècle, les Égyptiens et les Hittites font alliance contre la puissance montante de l'Assyrie. L'Égypte connaît ensuite à partir du XIIe siècle une nouvelle éclipse, du fait de l'invasion des peuples indo-européens dits « peuples de la mer », que nous avons déjà vus à l'œuvre en Grèce et en Asie mineure. La civilisation égyptienne demeurera prospère et brillante, y compris au Bas-Empire (1085-333), mais les armées égyptiennes ne quittèrent plus la vallée du Nil sinon de nombreux siècles plus tard, sous les souverains musulmans fatimides et ayyoubides.

En 663 av. J.-C., les armées assyriennes envahissent et occupent l'Égypte, alors prise entre le feu des deux puissances assyrienne et néobabylonienne ; l'Égypte sous la dynastie saïte développe des relations importantes avec la Grèce. L'interaction entre les deux cultures se fait déjà intense, préparant la venue du règne grec au Moyen-Orient. L'Égypte servira alors de refuge en particulier aux Juifs déportés massivement par Nabuchodonosor lors de sa conquête de la Palestine.

En 525, l'Égypte est envahie par l'Empire perse achéménide, qui l'occupe jusqu'à l'arrivée des armées d'Alexandre accueillies avec soulagement par les Égyptiens. Sous les Ptolémée, l'Égypte hellénistique devient un remarquable centre culturel du Moyen-Orient et de la Méditerranée. La conquête romaine, sous Cléopâtre, suivie de la colonisation byzantine, fit ensuite de l'Égypte un des centres les plus actifs du christianisme moyen-oriental, avec la Syrie du Nord et Antioche. Dans ces régions, la vie monastique et anachorétique fleurit, en particulier dans les zones désertiques comme le Sinaï, ou semi-désertiques comme la vallée de l'Oronte à la jonction du Liban et de la Syrie, ou la Cappadoce aux confins de la Syrie et de la Turquie. Saint Antoine, saint Marc, saint Maron, saint Grégoire, saint Cyrille, saint Ephrem, saint Jean Damascène sont quelques-uns des hommes qui par leur œuvre intellectuelle et l'exemplarité de leur existence ont consolidé l'existence du christianisme.

C'est en 637 ap. J.-C., après cinq siècles de domination romano-byzantine, que l'Égypte est conquise par les Arabes, qui toutefois préfèrent d'abord Damas puis Bagdad comme siège du califat, plutôt que l'une des grandes villes pharaoniques. À partir de la moitié du IXe siècle, les gouverneurs turcs nommés par le califat abbasside vont permettre à l'Égypte de retrouver une indépendance politique ; ces préfets installeront des dynasties locales, telles que les Toulounides et les Ikshidides. L'intense propagande chiite, sous sa forme ismaélienne venue d'Afrique du Nord, dotera ensuite l'Égypte d'une dynastie qui rétablit son rayonnement régional. En 969, les Fatimides fondèrent la ville du Caire, à proximité de l'ancienne Memphis, capitale de l'Ancien Empire, et créèrent l'université d'Al-Azhar, qui reste aujourd'hui une autorité religieuse parmi les plus importantes du monde musulman ; ils domineront la Syrie et la Palestine. À compter du milieu du XIIe siècle, le régime fatimide est en voie de dissolution et c'est Saladin, vizir d'origine kurde du dernier calife fatimide et fondateur de la dynastie ayyoubide, qui prend le pouvoir et le consolide par ses victoires sur les Francs. Mais le règne des Ayyoubides sera ébranlé par les contre-attaques des croisés contre l'Égypte (1249), qui favorisent la prise de pouvoir des Mamelouks, officiers esclaves d'origine turque commandant l'armée ayyoubide. Jusqu'à l'arrivée des Ottomans, ces derniers vont désormais gouverner à la fois l'Égypte, la Palestine, la Syrie et le Liban.

Les Mamelouks vinrent à bout des derniers royaumes latins dans cette région et organisèrent la résistance contre les Mongols, qui furent comme on l'a vu battus à Aïn-Djalout en Palestine (1260), puis durent évacuer tous les territoires conquis. À la fin du XIIIe siècle, croisés et Mongols ont disparu du Moyen-Orient, qui est alors entièrement sous domination turque seldjoukide en Anatolie et Mésopotamie, mamelouke en Égypte, Syrie, Palestine. En 1517, Le Caire est occupé par les Ottomans, qui remplacent alors définitivement les deux empires seldjoukide et byzantin. L'Égypte renaîtra politiquement trois siècles plus tard, avec l'invasion de Napoléon Bonaparte en 1798 : l'expédition française, en affaiblissant le pouvoir des Mamelouks en Égypte, permettra à Mohammed Ali, militaire d'origine albanaise, de s'emparer du gouvernement du pays (1810) et de s'y faire reconnaître vice-roi en 1840 par les puissances européennes, non sans avoir été obligé au préalable d'abandonner toute velléité d'expansion territoriale et de regroupement des provinces arabes de l'Empire ottoman sous son contrôle.

En 1830, en effet, Mohammed Ali avait fait pénétrer ses armées, sous la conduite de son fils Ibrahim Pacha, en Syrie, en Palestine et au Liban ; et il semblait vouloir pousser ses troupes jusqu'à Istanbul, d'où il pourrait chasser la dynastie ottomane. C'était le dernier sursaut de conquête militaire par une puissance du Moyen-Orient, tentant de rétablir une égalité avec les puissances européennes. Mais Mohammed Ali sera arrêté par les puissances européennes, qui détruisent sa flotte et l'obligent à abandonner toutes ses conquêtes. En contrepartie, elles lui reconnaissent le contrôle absolu de l'Égypte et l'établissement d'une dynastie. Toutefois, ses successeurs, tout en continuant son œuvre modernisatrice, enfonceront l'Égypte dans un endettement très important vis-à-vis des puissances européennes, ce qui amènera à une tutelle sur les finances égyptiennes, puis à l'occupation anglaise en 1882.

II

Le Moyen-Orient moderne

4

La fin des empires et l'irruption des puissances occidentales

Décadence de l'Orient, renaissance de l'Occident

Le contraste est frappant entre la montée en puissance des États européens à partir de la Renaissance et la déchéance progressive que vont connaître les sociétés du Moyen-Orient à partir de la fin du XVIIIe siècle. On évoquera plus en détail dans la troisième partie les causes de la décadence des grandes structures impériales du Moyen-Orient, objet de controverses infinies. Mais il est important de remarquer que les causes de la Renaissance européenne et de la révolution industrielle ne sont pas moins mystérieuses, en fait, que celles de la décadence de l'autre rive de la Méditerranée. La tentation est grande d'opposer un supposé génie de l'Occident à un prétendu fanatisme de l'Orient, comme ont pu le faire des esprits aussi éminents qu'Ernest Renan (1823-1892), qui opposait la « lourdeur » de l'esprit sémite incarné dans la religion musulmane au « génie » de l'Europe chrétienne et aryenne.

Seule une analyse par des causalités multiples peut permettre d'approcher une compréhension de ces phénomènes de décadence et de renaissance survenus en l'espace de deux siècles à peine, au cours des XVIIe et XVIIIe siècles. La plupart des historiens sont d'accord pour estimer que les niveaux de vie et de connaissances scientifiques et technologiques étaient similaires entre les deux rives de la Méditerranée jusque vers le milieu du XVIIIe siècle, avant que la révolution industrielle commence à se généraliser en Europe et que la Révolution française et les conquêtes napoléoniennes aboutissent à l'émergence de l'Europe des États-nations tout-puissants.

En Europe, il ne fait pas de doute que l'on peut trouver les germes de la future puissance de ce petit continent dans des facteurs très divers, culturels, économiques, sociaux, technologiques, dont certains peuvent remonter au Moyen Âge même, comme les premiers théologiens qui ouvrent la porte à une sécularisation de la pensée. De plus, les expéditions maritimes portugaises et espagnoles vers l'Extrême-Orient et les Amériques n'ont pas manqué d'enrichir l'Europe, de lui faire découvrir des métaux précieux ainsi que des nouvelles cultures. Ce continent sort ainsi de son isolement et découvre les grandes civilisations persane, indienne, chinoise, ce qui déclenche une curiosité qui ne s'arrêtera plus et stimulera constamment les arts, les lettres, la philosophie et les sciences.

En Orient, où les grandes structures d'empire sont au sommet de leur puissance et de leur expansion territoriale au XVIIe siècle, rien ne permet de prévoir que les petites entités politiques européennes, en comparaison de l'étendue des empires du Moyen-Orient, sont en mouvement vers un progrès qui va s'accélérer très vite. L'Europe sort affaiblie des guerres de religion, mais par la suite, en dehors des guerres napoléoniennes, puis de la guerre franco-allemande de 1870, le continent connaîtra une stabilité certaine, les frontières des futurs États-nations seront progressivement fixées, aucune force extérieure ne viendra menacer le territoire européen.

Au Moyen-Orient, c'est l'inverse qui se passe. Les guerres incessantes, invasions et contre-invasions, qui durent deux siècles (XVIe et XVIIe) entre les Séfévides et les Ottomans dans le Caucase, en Mésopotamie, sur le plateau anatolien et en Asie centrale, vont épuiser ces deux empires – lesquels, de surcroît, conservent leurs prétentions à poursuivre leur expansion dans le continent indien et en Asie centrale, voire en Europe pour l'Empire ottoman. Il n'est pas étonnant dans ces conditions de voir la régression s'installer, ainsi que le déclin démographique, ce qui suscitera la convoitise aussi bien de la France et de l'Angleterre que de la Russie tsariste et de l'Empire des Habsbourg. Le dépècement progressif des territoires ottomans et iraniens peut alors commencer.

Plus le rythme du progrès s'accélère en Europe, plus celui du déclin s'accentue au Moyen-Orient. En dépit d'efforts tardifs de modernisation, aussi bien dans l'Empire ottoman que dans la monarchie perse, le fossé qui se creuse avec l'Europe devient toujours plus profond. Cette dernière asservit progressivement toute la région, son expansion atteignant les Indes et l'Extrême-Orient. Désormais, le Moyen-Orient doit vivre à l'heure européenne, s'acculturer, se moderniser, faire face à l'invasion militaire, économique, culturelle des grandes puissances européennes, sans qu'il ait en lui le moindre ressort pour échapper à cette domination. Comme nous l'avons déjà mentionné, sitôt la domination européenne en voie d'affaiblissement, celle des États-Unis, en alliance étroite avec l'État d'Israël, prendra le relais et déploiera ses armées en plein cœur du monde arabe à partir de 1990.

Aussi n'est-il pas étonnant que le Moyen-Orient soit encore aujourd'hui cette zone de tempêtes et d'instabilité, de révoltes et de refus, qui prennent les couleurs idéologiques et religieuses les plus diverses, et se servent des armes les plus inattendues : détournements d'avions, prises d'otages, commandos suicide et terrorisme sous toutes ses formes, à l'étranger comme dans les luttes politiques locales.

Une conquête profondément destructurante

On serait tenté de dire que la fin du monde antique se termine au Moyen-Orient à la fin du XVIIIe siècle ou plutôt en 1919, à la fin de la Première Guerre mondiale. C'est en effet l'irruption des puissances européennes puis américaine, depuis Napoléon Bonaparte jusqu'à nos jours, qui semble avoir définitivement brisé les structures politiques du Moyen-Orient, héritées de ces successions presque ininterrompues d'empires centrés sur la Mésopotamie, sur les hauts plateaux iraniens, sur la Macédoine, la Thrace et l'Anatolie, sur la vallée du Nil.

De Napoléon Bonaparte en 1798 au débarquement américain dans la péninsule Arabique en 1990, en passant par les occupations anglaise et française de l'Égypte, de la Mésopotamie, de la Syrie et du Liban, puis par la conquête de la Palestine en 1948 par les rescapés juifs des persécutions antisémites européennes, tout indique une rupture profonde dans l'histoire du Moyen-Orient, désormais modelée et rythmée par l'histoire européenne, israélienne et américaine. Mis à part le court intermède de la guerre froide – où la rivalité des deux grandes puissances, américaine et russe, donne à certains des nouveaux États issus de la décolonisation une certaine marge d'indépendance dans l'ordre international –, le Moyen-Orient moderne reste l'objet, tout à la fois, des craintes et des convoitises occidentales. À la différence des Grecs anciens ou mêmes des Romains, en définitive proches par leurs structures culturelles et l'état de leurs techniques des principaux peuples du Moyen-Orient, les Européens, notamment les colons juifs ashkénazes fuyant les persécutions antisémites, ainsi que les Américains ont fait irruption et se sont implantés au Moyen-Orient dans une logique historique et culturelle totalement différente de celle vécue au cours des derniers siècles par les populations locales.

La conquête du Moyen-Orient ne s'est pas faite comme une fin en soi pour les puissances européennes, avec l'objectif de parvenir à une nouvelle synthèse de civilisation de niveau supérieur, comme l'avaient fait autrefois tous les conquérants, en particulier les Grecs, les Perses, les Arabes et les Turcs. Elle s'est déroulée presque exclusivement en fonction des rivalités entre puissances européennes et des avantages stratégiques et économiques que le Moyen-Orient pouvait offrir. Ce fut le cas au XIXe siècle, quand les deux grands empires européens de l'époque, ceux de la France et du Royaume-Uni, se sont durement affrontés en Méditerranée pour le contrôle de la route des Indes – qui avait motivé l'expédition de Napoléon Bonaparte en Égypte. Dès le début du XXe siècle, la découverte des énormes réserves pétrolifères de la région sera l'objet d'une rivalité accrue et de marchandages coloniaux entre Français et Anglais pour le partage de l'hégémonie sur cette région devenue une proie si convoitée. Tout comme l'Égypte et la Mésopotamie avaient été les greniers à blé de l'Empire romain, le Moyen-Orient sera le réservoir indispensable de matières énergétiques (pétrole et gaz) sur lequel l'Europe, puis les États-Unis auront besoin de s'appuyer pour assurer leur domination.

Au milieu du XXe siècle, la consolidation du nouvel État d'Israël (créé en 1947-1948), puis la protection de ses nouvelles conquêtes territoriales en Cisjordanie resteront aussi au centre des préoccupations des décideurs occidentaux. Ce faisant, les Occidentaux bouleverseront toutes les structures sociopolitiques millénaires de la région et créeront de graves tensions internes au sein des sociétés locales ; elles seront à la source des mouvements terroristes se réclamant de différentes formes d'idéologie militante islamique, ayant succédé aux nationalismes arabe, turc et iranien, à couleur laïque et parfois socialisante, qui avaient prédominé durant plus d'un siècle (1850-1979). La constitution initiale de ces mouvements, comme on le verra, a d'ailleurs été encouragée par les Occidentaux dans le cadre de la lutte contre l'extension de l'idéologie marxiste au Moyen-Orient [1].

Les trois grands modèles de résistance à la domination européenne

Trois modèles de réactions face à la domination européenne sur le Moyen-Orient peuvent être identifiés. Il s'agit des modèles turc, iranien et arabe, qui sont nés chacun dans des conditions historiques spécifiques. Les modèles turc et iranien, qui ont précédé historiquement le modèle arabe, ont eu sur lui une grande influence.

Le modèle turc a été forgé par l'idéologie laïque et nationaliste des officiers Jeunes-Turcs qui se forme à la fin du XIXe siècle, ainsi que par le kémalisme – du nom du général Mustapha Kemal Pacha, dit Atatürk (1881-1938), qui fonde avec succès la Turquie moderne,

1 Voir Georges Corm, *Le Proche-Orient éclaté...*, *op. cit.*, p. 803-853.

désormais restreinte géographiquement à l'Anatolie. Ce modèle a lui-même été très fortement influencé par l'idéologie de la Révolution française et la conception jacobine d'un État-nation compact et homogène, mais aussi par le nationalisme ethnique et linguistique développé en Allemagne. Il s'est fondé sur l'abandon de toute légitimité du pouvoir à base religieuse et sur une conception nationaliste farouche, faisant du « touranisme », ou de l'origine ethnique turque, le critère premier de la nation[2]. Ce modèle a favorisé l'homogénéisation du peuplement du plateau anatolien par expulsion et échanges de populations avec la Grèce – populations d'origine hellène habitant l'Anatolie depuis des siècles contre habitants turcophones de la Grèce –, cependant que l'importante population arménienne était soit massacrée, en représailles à son soulèvement soutenu par les puissances alliées, soit expulsée vers l'Arménie soviétique. C'est lui qui a assuré à la Turquie une grande stabilité et en a fait un État fort et respecté dans la région, entretenant de bonnes relations avec les pays occidentaux sans être un jouet entre leurs mains.

Au cours des dernières décennies du XXe siècle, l'éclat du kémalisme a été terni sous l'influence de plusieurs facteurs conjugués : d'abord l'inexorable montée de diverses formes de fondamentalismes islamiques au Moyen-Orient (nous y reviendrons) ; en même temps, l'influence de la démocratie libérale européenne sur la Turquie, qui facilite l'acceptation des mouvements identitaires religieux ou ethniques au détriment des conceptions jacobines et laïques de l'État ; enfin, et sous la même influence européenne, la fatigue de l'opinion publique turque de l'intervention des militaires, au nom du contrôle de la stricte laïcité de l'État. Tous ces facteurs expliquent le succès du parti islamiste modéré à gérer sans incident majeur le pays depuis 2003, après qu'il a acquis une majorité absolue à la Chambre des députés à la fin de l'année précédente

2 Voir Étienne Copeaux, *Espace et temps de la nation turque. Analyse d'une historiographie nationaliste 1931-1993*, Éditions du CNRS, Paris, 1997 ; ainsi que Bernard Lewis, *Islam et Laïcité. La naissance de la Turquie moderne*, Fayard, Paris, 1988.

(comme on le verra, une première tentative de gouvernement dominé par ce parti avait échoué en 1996-1997).

Le modèle iranien n'est pas sans ressemblance avec le modèle turc pour ce qui est des aspirations modernisatrices et de l'introduction d'institutions politiques modernes, notamment le parlementarisme dès 1908. En effet, c'est aussi un modèle très marqué par le nationalisme à l'européenne. Toutefois, en l'absence d'un homme fort à l'autorité incontestée, à l'instar de Mustapha Kemal en Turquie, le modèle iranien a subi des influences très diverses et contradictoires qui ont traversé les différentes composantes de la société, confrontée à la montée de la double hégémonie russe et anglaise sur les affaires de la monarchie [3]. Aussi, ce modèle a-t-il été caractérisé par un mélange contradictoire de conservatisme et de progressisme chez les religieux, d'anti-impérialisme et de révoltes sociales se heurtant aux intérêts de la cour royale et des riches propriétaires terriens. Ce mélange finit par exploser dans la période très troublée et violente qui conduisit à la révolution islamique de 1979.

Cette dernière tente alors de concilier tous ces courants intellectuels opposés dans l'étonnante théorie politique de la *wilaya faqih* (contrôle du juriste religieux) : un guide religieux assisté d'un conseil surveille et contrôle le fonctionnement des trois pouvoirs, exécutif, législatif et judiciaire, du point de vue de la conformité à la jurisprudence islamique sur le mode chiite. Il s'agit donc d'un mélange assez curieux de constitutionnalisme à l'occidentale et de l'autoritarisme acquis par une partie des religieux, la plus conservatrice, à travers les convulsions de la révolution et l'élimination de ses autres composantes laïques, bourgeoises et libérales ou populaires et socialisantes, ou l'élimination des religieux prestigieux qui n'approuvaient pas le système de la *wilaya faqih*, le considérant comme étranger aux traditions jurisprudentielles chiites [4].

---

3 Voir à ce sujet Vanessa Martin, *Islam and Modernism. The Iranian Revolution of 1906*, I.B. Tauris, Londres, 1989.

4 Sur la confiscation de la révolution par l'aile conservatrice des dignitaires religieux chiites, dominée par l'imam Khomeiny, voir le livre de l'ancien président de la République islamique iranienne qui fut forcé de s'enfuir, durant ses fonctions du pays : Abol Hassan Bani Sadr, *Le Complot des ayatollahs*, La Découverte, Paris, 1989.

Enfin, à côté de ces deux modèles, on doit évoquer le modèle nassérien égyptien de révolution et de dictature militaire nationaliste, quelque peu inspiré par le modèle kémaliste. Quelques années durant, de 1956 à 1970, Gamal Abdel Nasser fut l'homme fort du monde arabe et du Moyen-Orient, jouissant d'une très grande popularité dans toute la région. Les transformations politiques et économiques de l'Égypte ont alors inspiré bien d'autres pays. Ce modèle arabe s'est aussi inspiré de l'expérience communiste yougoslave, dont l'Égypte a été très proche du temps du « neutralisme positif ». Il a été caractérisé par l'élimination politique de la grande féodalité terrienne et de la grande bourgeoisie d'affaires liées aux sociétés occidentales, la constitution d'un parti unique, la nationalisation des intérêts des grandes sociétés occidentales, puis même des grands capitalistes locaux [5]. Ce modèle a fait tache d'huile, notamment en Syrie, en Irak, en Libye et au Soudan. Il a prêché l'anti-impérialisme, la lutte contre l'État d'Israël pour assurer aux Palestiniens leur droit à l'autodétermination et au retour (pour ceux qui avaient été contraints de quitter les territoires conquis par Israël), le nationalisme panarabe qui devait amener à la suppression des barrières étatiques artificielles établies par les colonisateurs français et anglais suite à l'effondrement de l'Empire ottoman en 1919.

Toutefois, la défaite de Nasser face à Israël en 1967, puis sa mort prématurée en 1970 feront considérablement reculer les doctrines nationalistes arabes de nature séculière. Ce vide sera vite comblé par la montée en flèche de diverses couleurs de conservatisme – voire d'intégrisme – islamique en provenance d'Arabie Saoudite, dans une conjoncture très spécifique qui est celle de la guerre froide et de la richesse pétrolière soudaine des États de la péninsule Arabique exportateurs de pétrole. Le nationalisme arabe est alors remplacé par le mouvement dit de « réveil islamique » (*sahoua*), que l'Arabie Saoudite et plusieurs pays arabes de la péninsule Arabique s'efforcent de promouvoir, non seulement dans le monde arabe,

5 Voir l'ouvrage de Jean et Simone Lacouture, *L'Égypte en mouvement*, Seuil, Paris, 1962 ; et celui de Jean Lacouture, *Nasser*, Seuil, Paris, 1971.

mais aussi en Turquie, en Afrique, en Indonésie et partout où existent des communautés musulmanes. Ce « réveil » islamique se traduit par une réislamisation de la société qui prend différentes formes (création de banques islamiques, multiplication des émissions religieuses dans les médias, adhésion stricte aux rituels, tels que le jeûne ou le pèlerinage, fabrication de téléphones portables donnant les heures de prière, de poupées habillées de façon islamique, etc.) [6]. Cette réislamisation continuera d'enfler lorsque les troupes américaines débarqueront dans la péninsule Arabique en 1990 pour libérer le Koweït de l'occupation irakienne, puis envahiront l'Irak en 2003 à partir des bases que les États-Unis entretiennent de façon permanente dans cette région du Moyen-Orient.

Quatre grandes périodes caractérisent le Moyen-Orient sous hégémonie des puissances européennes et des États-Unis, que nous allons étudier successivement.

---

6 Pour plus de détails, voir Georges CORM, *La Question religieuse au XXIe siècle. Géopolitique et crise de la postmodernité*, La Découverte, Paris, 2006, p. 145-160 ; ainsi que *Le Proche-Orient éclaté…*, *op. cit.*, p. 803-853.

5

Le Moyen-Orient sous domination européenne

Les rivalités européennes et les nouveaux découpages territoriaux (1798-1918)

La montée en puissance de l'Europe et ses effets sur le Moyen-Orient

Nous avons vu comment les domaines arabe, grec, iranien et égyptien ont tous été recouverts par la puissance militaire et administrative turque. Cette dernière avait menacé toute l'Europe sous les Ottomans, par les deux sièges de Vienne ; elle était aussi solidement ancrée en Europe orientale dans les Balkans. La puissance des États européens qui s'affirme à partir du XVIe siècle, avec la Renaissance des arts et des lettres, le siècle des Lumières et la révolution industrielle, va progressivement encercler puis étouffer les vastes possessions ottomanes. C'est incontestablement la supériorité maritime de l'Europe qui annonce le déclin de l'Empire ottoman, symbolisé par la victoire de la coalition des flottes européennes sur celle des Ottomans à Lépante (1571). Cette supériorité permet aux Portugais et aux Espagnols, puis aux Anglais et aux Français de coloniser l'Amérique, d'entamer les côtes africaines et de les contourner en formant les premiers comptoirs commerciaux aux Indes. Les empires moyen-orientaux, carrefours millénaires entre les trois continents d'Europe, d'Asie et d'Afrique, cesseront d'être enrichis par le trafic commercial intense qu'ils avaient toujours connu. Ayant perdu toute capacité maritime, l'Empire ottoman voyait partout ses possessions menacées par la montée en puissance des États et empires européens.

Le développement des techniques militaires et des capacités organisationnelles de l'Europe, conséquence de la révolution industrielle, devait achever de la doter d'une supériorité sur les Ottomans, en dépit des nombreux efforts de ces derniers, dès le XVIIIe siècle, pour réformer l'administration civile et militaire de l'Empire. Les guerres napoléoniennes devaient aussi contribuer à développer dans les armées européennes les capacités de se mouvoir sur de très longues distances, qui avaient été jusqu'alors le quasi-monopole des armées turques depuis le XIIIe siècle et l'échec des croisades. L'Empire ottoman aurait d'ailleurs pu disparaître beaucoup plus tôt, si les ambitions contradictoires des puissances européennes ne s'étaient neutralisées, prolongeant artificiellement l'existence de cette entité politique, en dépit de sa légitimité naturelle en tant qu'héritière de tous les grands empires moyen-orientaux. En effet, les vieilles structures économiques et sociales du Moyen-Orient ne pouvaient survivre face à la réorganisation des grands courants d'échanges économiques et de puissance politique que menaient les États européens depuis la découverte des Amériques. Car la puissance européenne puisera aussi ses forces dans le développement de l'économie atlantique entraîné par la colonisation du continent américain. L'Europe n'est plus désormais cet espace restreint et fragile pris en tenaille par les empires du Moyen-Orient, comme elle l'avait été jusque-là avec les invasions perse, arabe et turque, mais une formidable puissance dont la base arrière est l'espace atlantique et les Amériques avec toutes leurs richesses et leur potentiel économique.

Ce furent aussi les idées européennes qui rongèrent la légitimité des structures impériales du Moyen-Orient ; en particulier, la Révolution française eut un impact très fort sur de nombreuses élites. Les idées d'égalité, de fraternité et de justice avaient en effet de profondes racines dans cette région du monde, alors que la seule justification du despotisme des nombreux empires était toujours le besoin de sécurité face aux invasions et à leurs désordres. Le despotisme avait toujours eu un aspect choquant, la religion ayant souvent prêché l'amour et la tolérance, mais aussi, avec le christianisme et l'islam, l'égalité de tous les croyants face au Dieu unique. Les idées européennes allaient ainsi réveiller les rancœurs séculaires contre le despotisme. Les Arabes, les Perses et les Turcs qui voyageront dans les grandes capitales européennes aux XIXe et XXe siècles y verront fonctionner des régimes de démocratie représentative, même sous des royautés, le rôle des femmes dans les lettres et les arts, sinon encore dans la politique, enfin les systèmes éducatifs et industriels modernes. En Perse, comme dans l'Empire ottoman, il en résultera des tensions insupportables entre gouvernants et élites urbaines, qui rendront encore plus fragiles les systèmes politiques en place.

Ce sont malheureusement les formes brutales du colonialisme européen et son dédain de la mise en pratique des principes démocratiques dans ses interventions au Moyen-Orient qui ont constitué – et demeurent jusqu'aujourd'hui – un frein puissant à l'extension des idées démocratiques dans cette région du monde. Les flux et reflux des valeurs de la démocratie individuelle sont rythmés depuis deux cents ans par la nature des interventions européennes, auxquelles succèdent celles israéliennes et américaines, dont les excès alimentent les mouvements de refus et de repli identitaire sur les valeurs dites traditionnelles, au détriment des mouvements libéraux et modernisants. Il faut ajouter aussi que la forte influence de l'Empire des tsars, puis de l'Union soviétique, au Moyen-Orient a eu un impact négatif sur le développement des tendances démocratiques « bourgeoises » et libérales.

Les idées nationalistes européennes auront également un impact très néfaste dans les Balkans et en Asie Mineure anatolienne et mésopotamienne. Dans ces zones où les populations d'origines ethniques ou religieuses très diverses vivaient depuis des millénaires dans un voisinage étroit, et souvent dans la mixité, sous l'arbitrage d'autorités impériales, les jeux d'influence des puissances européennes, puis la disparition de ces autorités sont à l'origine de drames, de massacres, de transferts de populations : les deux crises récentes du Liban (1975-1990) et l'éclatement de la Yougoslavie (1992-1995), mais aussi les déchirements irakiens après l'invasion américaine de la Mésopotamie sont une répétition d'événements similaires qui ont jalonné toute l'histoire de l'effondrement de l'Empire ottoman [1].

Les grandes étapes de réformes politiques et du démembrement de l'Empire ottoman

Dans la première moitié du XIXe siècle, pour affermir leur domination, sans chercher encore à démembrer l'Empire, les puissances européennes s'efforcent de créer dans la région des nationalismes territoriaux sur lesquels ils exercent leur influence politique directe, à travers toutes les communautés religieuses (maronites du Liban, chaldéens nestoriens en Irak et en Perse, druzes du Liban, alaouites de Syrie, coptes d'Égypte, catholiques d'Albanie, etc.) ou ethniques (Arméniens, Grecs, Slaves, Albanais orthodoxes, Azerbaïdjanais, Kurdes) encore sous domination ottomane ou parfois perse.

Le démembrement de l'Empire commence par l'appui que la France donne à Mohammed Ali en Égypte – lequel, on l'a vu, détruit le pouvoir mamelouk après le départ des armées françaises, occupe la Syrie, la Palestine et le Liban en 1831, et menace Istanbul. Il décrète l'égalité entre musulmans et non-musulmans dans toutes ses possessions. Sous la pression anglaise, dont la flotte bombarde sauvagement Beyrouth en 1840 pour l'obliger à évacuer le Liban et la Syrie, mais aussi russe et autrichienne, Mohammed Ali se replie sur l'Égypte et se fait reconnaître vice-roi par les puissances européennes. Mais l'Égypte sera dévorée par les dettes qu'elle a accumulées entre 1840 et 1870 vis-à-vis des marchés financiers européens ; elle sera de ce fait mise sous tutelle économique et politique. Celle-ci provoque une explosion nationaliste en 1879, qui sert de prétexte aux Anglais pour occuper l'Égypte en 1882 et emprisonner Urabi, le militaire qui a osé

---

1 Voir à ce sujet Georges CORM, *L'Europe et l'Orient. De la balkanisation à la libanisation, histoire d'une modernité inaccomplie*, La Découverte, Paris, 1989.

défier l'hégémonie européenne en Égypte. Il faudra attendre le renversement définitif de la monarchie égyptienne en 1952 par un coup d'État militaire, avec le soutien bienveillant des États-Unis, pour que l'Égypte puisse se libérer du joug anglais.

Si les Français ont poussé l'Égypte à s'autonomiser des Ottomans, ce qui lui aura valu de tomber sous la domination anglaise, il revient aux Russes, freinés par les Anglais, d'avoir encouragé les Grecs à se soulever contre l'Empire. En dépit du rôle important joué par les Grecs dans l'administration des provinces balkaniques de l'Empire ottoman, de l'importance du patriarcat d'Istanbul, dont le chef était le second dignitaire religieux de l'Empire après le Sheikh-ul-islam (autorité juridique supérieure pour toutes les questions relevant du droit islamique), et des intérêts de la bourgeoisie commerçante grecque, un soulèvement, parti à l'origine de Roumanie en 1825 et réclamant la modernisation et la démocratisation de l'Empire, se traduit par une sécession du Péloponnèse et de la Thessalie. Ce soulèvement se conjugue avec une révolte albanaise. Il en sortira un petit royaume grec, dont le territoire n'englobera qu'une fraction des Grecs de l'Empire et qui fut doté d'un roi bavarois en 1832 ; plus tard, les Anglais installeront sur le trône de Grèce le fils cadet du roi du Danemark, qui régnera de 1863 à 1913. Entre 1913 et 1920, le territoire grec s'agrandit par étapes, au fur et à mesure que les guerres balkaniques faisaient refluer l'Empire de sa partie européenne. Ce reflux s'accompagnait à chaque fois de l'émigration des populations turques ou turquisées des Balkans vers l'Anatolie. La Grèce restera tiraillée jusqu'en 1947 entre influences politiques et militaires russes et anglaises, ce qui maintiendra l'instabilité dans le pays.

Entre 1840 et 1861, le Liban est déchiré par la rivalité franco-anglaise en Méditerranée, les Français poussant les maronites à s'émanciper de la tutelle ottomane, les Anglais contrant leur influence en soutenant et armant une alliance de la communauté druze et des Ottomans. La partie centrale du pays sera alors mise sous condominium des puissances européennes, qui obligent les Ottomans à nommer un gouverneur ottoman de confession chrétienne pour administrer le Liban.

Ce dépècement de l'Empire ottoman se fait en même temps que les puissances européennes prêchent aux sultans d'Istanbul de s'engager sur la voie des réformes démocratiques. En 1839, s'ouvre ainsi la période dite des *Tanzimat*. Un premier grand décret réformateur du sultan ottoman est pris cette année-là, qui est confirmé puis élargi en 1856 par un autre décret similaire, puis couronné par l'adoption de la Constitution ottomane en 1876 et l'élection d'un Parlement éphémère, parce que vite dissous par le sultan ; il sera rétabli quelques mois seulement en 1908. Entre-temps, l'Empire se sera aussi doté d'un code de commerce moderne (1850), d'un code pénal (1858), d'un Conseil d'État, d'un code de la nationalité, mais aussi d'un système municipal où sont représentées les différentes communautés religieuses et ethniques de chaque région.

La proclamation d'une Constitution par le sultan Abdel Hamid en 1876, sous la pression du parti réformiste des Jeunes-Turcs, ne suffit plus à calmer les esprits, pas plus, comme on le verra, que la proclamation en 1906 en Perse d'une Constitution que le souverain accorde sous la pression des élites bourgeoises. L'avancée de la Russie est de plus en plus importante ; après avoir enlevé au royaume perse la Géorgie, le Daghestan et les districts arméniens d'Erevan et de Nakhitchevan (1813 et 1828), la Russie met la main sur de larges parties du Caucase (1829) et de la Crimée. Cette nouvelle mainmise provoque entre 1856 et 1858 une intervention massive des troupes anglaises et françaises dans une guerre particulièrement meurtrière, pour arrêter les ambitions tsaristes, dont la puissance militaire permettrait de prendre Istanbul à tout moment. Les Russes, les Français et les Anglais arment aussi les Arméniens, en prévision de prochaines guerres qui ne manqueront pas de terrasser définitivement l'Empire agonisant et de mettre ses territoires à la disposition de l'Europe.

Parallèlement, tout au long du XIXe siècle, les Anglais ont tissé sur les côtes de la péninsule Arabique leur influence politique et militaire : Aden est occupé en 1889 ; des traités de protection sont conclus avec les chefs de tribu de la côte est de la péninsule, dite côte des Pirates (*Trucial States*). À l'issue de la Première Guerre mondiale, du fait du triple effondrement russe, austro-hongrois et allemand (auquel l'Empire ottoman s'était allié), l'ensemble du Moyen-Orient est ouvert aux ambitions dominatrices des Français et des Anglais, qui peuvent se partager désormais sans concurrence cette région stratégique.

L'Iran sous haute influence de la Russie et de l'Angleterre

En Iran, les influences russe et anglaise se font sentir de façon de plus en pesante à partir de la fin du XIXe siècle. Pour moderniser son économie et ses institutions civiles et militaires, la monarchie perse, tout comme en Égypte la dynastie de Mohammed Ali, ou comme les sultans ottomans, fera appel à des puissances européennes. Pour l'Iran, il s'agira, en particulier, de l'Angleterre et de la Russie, voisin puissant et menaçant avec qui elle entretient de nombreuses relations, notamment militaires, puisque la Russie met à la disposition de la monarchie persane une unité de cosaques destinée à constituer une garde prétorienne pour la famille régnante. Les ressources pétrolières du pays attireront encore plus l'attention des puissances européennes. C'est l'Angleterre qui réussit à obtenir un quasi-monopole sur les concessions pétrolières, mais aussi en bien d'autres domaines, comme la régie des tabacs. La monarchie, comme celle d'Égypte ou du Sultanat ottoman, est constamment surendettée auprès des puissances et les revenus fiscaux doivent être donnés en gage.

Comme dans l'Empire ottoman, réformes, révoltes et interventions externes se succèdent. En 1906, année de nombreuses émeutes anti-anglaises, la monarchie se dote d'une Constitution et des élections ont lieu pour la première fois en Iran. Mais le chah, tout comme les puissances européennes ou les éléments religieux conservateurs, parvient à paralyser le fonctionnement de cette nouvelle institution où s'expriment les tendances modernistes et nationalistes. La vie publique dégénère vite, la dynastie régnante est de plus en plus discréditée. Elle s'effondre en 1925, pour être remplacée par celle des Pahlavi. Mais les difficultés du pays usent rapidement cette nouvelle monarchie, tiraillée entre les ambitions rivales de la Russie et de l'Angleterre qui se partagent l'influence sur le pays, partage qu'avait consacré l'accord russo-britannique de Saint-Pétersbourg en 1907.

Au XIXe siècle, la Perse était devenue un laboratoire du choc de la modernité sur les différentes élites et couches sociales, y compris le puissant clergé, traversé par un clivage fort, ici comme ailleurs, entre modernistes et conservateurs passéistes. Dans ce bouillonnement, apparaît la grande figure de Sayyid Ali Mehmed (1819-1850), dit « Al Bab » (la Porte), qui fonde une religion nouvelle de type syncrétiste et rationaliste, dont le succès est foudroyant. Cela ne manque pas de provoquer une réaction de la puissante caste des religieux musulmans, qui dégénère en émeutes et combats de rue. Le Bab est finalement arrêté, condamné à mort, puis exécuté à Tabriz. Son successeur, Mirza Hussein Ali (1817-1892), fuit les violences et la répression en Iran et s'installe en Palestine, où la doctrine du babisme devient « bahaïsme » – dont les adeptes continuent encore aujourd'hui d'être persécutés dans les pays musulmans, mais plus particulièrement en Iran depuis la révolution de 1979.

La domination franco-anglaise directe sur le monde arabe (1919-1956)

La France et le Royaume-Uni ont incontestablement visé à un démembrement définitif de tout le Moyen-Orient turco-irano-arabe et à un partage des territoires issus du démembrement en petites entités politiques sous leur domination. Durant la Première Guerre mondiale, divers accords et traités entre eux et avec l'Italie et la Russie, dont les célèbres accords Sykes-Picot (mai 1916) pour le partage des territoires arabes, préparent ce démembrement. De même, par la déclaration du secrétaire au Foreign Office, lord Arthur James Balfour (1917), le gouvernement anglais promettait la Palestine aux communautés juives d'Europe, non sans avoir en même temps promis auparavant au chérif de La Mecque, Hussein Ibn Ali, la constitution d'un royaume arabe au Hedjaz et dans les territoires du Croissant fertile et de la Mésopotamie au cas où les Arabes entreraient en révolte contre les Turcs (correspondance Hussein-McMahon). Cette révolte aura effectivement lieu en 1916 et le gouvernement anglais se trouvera confronté aux promesses contradictoires faites aux Français par les accords Sykes-Picot (qui leur attribuaient le littoral syro-libanais, la Cilicie et la haute Mésopotamie), au mouvement sioniste sur la Palestine, aux Arabes sur leur unification et leur indépendance dans un grand royaume arabe unifié comprenant le Hedjaz – sur lequel règne la famille des Hachémites – et les autres provinces arabes de l'Empire ottoman à l'est de la Méditerranée (Liban, Syrie, Palestine, Irak).

Lors de la conférence de Paris, réunie pour régler les problèmes de l'après-guerre et qui aboutira à la signature du traité de Versailles en juin 1919, les États-Unis tenteront de s'opposer aux ambitions impérialistes des deux puissances européennes victorieuses. Le gouvernement américain était en effet venu à la rescousse des Alliés dans leur lutte contre l'Allemagne, sur la base des principes du président Wilson appelant à l'autodétermination des peuples, libres de toute contrainte, et à la mise sur pied d'une « Société des nations » composée d'États libres, souverains et égaux. Une commission d'enquête américaine au Proche-Orient (commission King Crane) confirmera le vif désir des Arabes du Croissant fertile de s'unir en un seul État sous la royauté de la famille hachémite de La Mecque ; cette commission mettra en garde contre une application brutale des principes sionistes en Palestine, qui aboutirait à l'éviction de la population arabe ; elle mettra également en garde contre le dépècement de l'Anatolie turque entre Arméniens, Italiens, Grecs et Kurdes, ce qui était bien le projet des Alliés européens – que l'on retrouvera dans le traité de Sèvres (1921).

Les Alliés n'écouteront pas le point de vue américain, et le Sénat des États-Unis refusera la ratification du pacte de la Société des nations qui entérinait les vues franco-anglaises. Sans l'appui militaire américain, les Anglais et les Français n'ont pas la capacité de gérer le Moyen-Orient, en proie à une agitation nationaliste d'autant plus vive que les promesses ont été contradictoires et ne sont pas tenues. La propagande bolchevique, elle aussi, dénonce les manœuvres impérialistes et la diplomatie secrète ; et elle appelle les peuples de l'Orient à la révolte contre les puissances européennes. Sous la pression de leurs opinions publiques, les gouvernements français et anglais sont obligés de commencer la démobilisation des troupes. Dès 1915, les Arméniens et les Kurdes avaient été lâchés les premiers, pour mieux pouvoir conserver les possessions arabes ; nous avons déjà évoqué les conséquences dramatiques pour les Arméniens, qui subirent la double pression de l'armée turque reconstituée sous la direction d'Atatürk et de bandes armées kurdes, pourtant elles aussi victimes des fausses promesses des Alliés. En 1922, les importantes populations grecques d'Asie Mineure, en particulier à Smyrne (l'antique Pergame), feront aussi l'objet de massacres, les troupes de l'État grec, invitées à débarquer par les Alliés sur la côte turque méditerranéenne, n'ayant pu résister aux contre-offensives turques.

En Syrie, un membre de la famille hachémite, Fayçal, qui avait conduit la révolte arabe de 1916-1918 contre les Ottomans avec l'appui des Anglais, en particulier celui du célèbre colonel Lawrence, s'installe à Damas où un Congrès du peuple le proclame roi en 1920. Les troupes françaises du général Henri Gouraud l'obligeront à quitter le trône à peine un an après. Les Français et les Anglais ont alors conclu de nouveaux arrangements. La France, contre une participation à l'exploitation des pétroles de Mossoul, renonce à toute possession territoriale au Moyen-Orient en dehors de la Syrie et du Liban. Chassé de Damas, le roi Fayçal sera installé en 1921 à Bagdad, qui devient la capitale de l'Irak moderne ; un autre membre de la famille hachémite, Abdallah, sera installé en Transjordanie en 1924. Les Français peuvent alors consolider leur emprise sur le Liban et la Syrie. Le premier avait été proclamé État du Grand Liban en 1920, par rattachement des territoires que le protocole de 1861 lui avait enlevés, ainsi que du port syrien de Tripoli et son arrière-pays (les plaines fertiles du Akkar). La Syrie, en revanche, est divisée en plusieurs États administratifs (alaouite, druze, sunnite à Damas et Alep, sans compter la préfecture d'Alexandrette et le port de la ville d'Antioche, qui sera cédé aux Turcs en 1939, en prix de leur neutralité au cours de la Seconde Guerre mondiale).

Les Anglais, de leur côté, assurent solidement leur contrôle sur l'Irak et la Palestine, et achèvent de discréditer les Hachémites, en laissant la famille des Saoud s'emparer du Hedjaz et des Lieux saints de La Mecque et Médine en 1924-1925, et constituer en 1932 le royaume d'Arabie Saoudite par adjonction des déserts du Najd et du Rub'al Khali. L'entreprise saoudienne de fonder un vaste royaume bédouin, gouverné par un retour mythologique aux sources primitives de l'islam que le prédicateur Mohammed Ibn Abd al-Wahhab, encouragé par la famille des Saoud, avait prêché au milieu du XVIIIe siècle, a connu de nombreuses péripéties ; déjà en 1811, les armées de Mohammed Ali d'Égypte étaient venues supprimer par la force ce mouvement religieux armé qui menaçait de s'emparer de la Syrie et de la Mésopotamie. Les efforts des Saoudiens reprendront à la fin du XIXe siècle, sans plus de succès, bien que les guerriers wahhabites parviennent jusqu'à Kerbala, le Lieu saint chiite en Irak qu'ils pillent. Il faudra la conjoncture coloniale pour que l'entreprise réussisse enfin et se développe, d'abord à l'ombre de la puissance anglaise, puis de celle des États-Unis [2].

Durant toute la période dite « des mandats » (français et britannique), les aspirations des nationalistes arabes « modernistes » et démocrates sont frustrées partout. Les territoires arabes de l'Empire ottoman sont émiettés en plusieurs entités politiques soumises à la domination étrangère d'armées non musulmanes, sous des régimes politiques de nature différente : républiques en Syrie (progressivement unifiée) et au Liban, royautés constitutionnelles en Transjordanie, en Irak et en Égypte, royauté de type islamique en Arabie Saoudite, avec application brutale et fondamentaliste de la *charia*. Anglais et Français ne mettront même pas en pratique les principes démocratiques dont ils se réclament par ailleurs. Si les pays placés sous leur mandat sont formellement dotés d'une Constitution et d'un Parlement, les « hauts commissaires » suspendent le fonctionnement de la vie constitutionnelle sitôt que l'agitation nationaliste et les revendications d'indépendance menacent l'ordre colonial.

En Palestine, les Anglais font face à deux agitations contradictoires : celle des immigrants juifs, de plus en plus nombreux au fur et à mesure que l'antisémitisme se développe en Europe ; et celle des

---

2 Sur le wahhabisme, voir l'ouvrage clé d'Henri LAOUST, *Les Schismes dans l'islam*, Payot, Paris, 1965, qui donne aussi un panorama exhaustif des différentes écoles et interprétations de la religion musulmane.

Palestiniens eux-mêmes, qui voient la menace que fait peser sur leur existence le flux ininterrompu des immigrants juifs qui se replient sur leurs colonies agricoles, les kibboutz, et s'organisent déjà suivant des structures étatiques. Le conflit, gelé par la Seconde Guerre mondiale, reprend avec une intensité accrue en 1946, certains immigrants juifs pratiquant un terrorisme ravageur à l'endroit des troupes anglaises et s'armant ouvertement pour contrer directement les pressions et révoltes arabes. Les Anglais, incapables de gérer une situation qu'ils ont eux-mêmes créée, s'en remettent à la toute nouvelle Organisation des Nations unies (ONU), qui décide en 1947 du partage du territoire entre Juifs et Palestiniens, mais recommande l'internationalisation des Lieux saints et de Jérusalem.

La guerre entre les deux communautés est inévitable. Les Palestiniens, soutenus par les autres pays arabes, refusent la décision de l'ONU. Désormais, le conflit israélo-arabe s'inscrira durablement dans le paysage politique moyen-oriental, avec sa succession de guerres (1948, 1956, 1973), l'occupation d'une large partie du sud du Liban en 1978, puis l'invasion de la moitié du Liban par l'armée israélienne en 1982, y compris Beyrouth, enfin la guerre faite au Hezbollah au cours de l'été 2006. Mais la défaite des armées arabes face à l'État juif en 1948 aura d'autres conséquences : elle achèvera de discréditer les régimes politiques que la France et l'Angleterre avaient mis en place à l'issue de la Première Guerre mondiale et ouvrira l'ère des coups d'État militaires, des discordes interarabes, et la montée des mouvements islamiques de refus de l'hégémonie occidentale.

En Iran, la dynastie des Pahlavi, qui a succédé en 1925 à celle des Qâdjâr, chancelle en 1952-1953, lorsque Mohammed Mossadegh, grand bourgeois libéral, accède au poste de Premier ministre et nationalise, soutenu par l'opinion publique, le secteur pétrolier, entièrement aux mains des compagnies anglo-saxonnes. Le chah part en exil en Italie et la situation intérieure se dégrade considérablement. La CIA orchestre un coup d'État contre Mossadegh, qui est arrêté ; les éléments les plus conservateurs de la caste des religieux appuient le coup d'État, ce qui permet le retour du chah quelques mois après son départ. Cette intervention américaine directe dans les affaires intérieures de l'Iran laissera des traces profondes dans l'opinion iranienne, ce qui a préparé le terrain à la révolution de 1979 et à sa tournure anti-américaine virulente.

De même qu'en Iran, plusieurs facteurs se conjuguent pour expliquer la révolution intervenue dès 1952 en Égypte : corruption de la monarchie, domination économique de l'Occident sur les ressources nationales, interventions des grandes puissances dans les affaires internes, agitations de l'opinion publique et mécontentements sociaux. Dans les deux pays, l'opinion est fortement divisée entre nationalistes communisants ou socialistes, nationalistes libéraux, éléments religieux conservateurs et modernistes, tous deux anti-impérialistes. Cela peut expliquer les périodes de lutte pour le pouvoir entre différentes factions unies contre l'extérieur, mais très divisées quant aux options idéologiques, d'où les violences et les longues périodes de dictature, avant un assagissement de la révolution et un retour à des politiques d'ouverture, en particulier sur le plan économique.

Seule la Turquie, sous l'énergique direction d'Atatürk, parviendra à transformer l'Anatolie en un État solide et relativement stable. Mustapha Kemal, le fondateur de la Turquie moderne, est le seul des dirigeants du Moyen-Orient, à la différence des dirigeants arabes, qui réussit l'exploit militaire de bouter hors de son territoire toutes les armées européennes occupantes (anglaise, française, grecque, italienne). Grâce au prestige ainsi acquis, il peut abolir en 1923 l'institution califale, établir la laïcité ainsi que la latinisation de l'alphabet turc, qui utilisait jusque-là les caractères arabes. Il tourne ainsi le dos au passé ottoman et musulman de l'Anatolie, et entend accélérer la modernisation de la Turquie sur le mode européen, en en faisant un État à la population homogène. Il fera de la Turquie un rempart de l'Occident contre l'avancée de l'Union soviétique. Cette dernière a en effet repris l'ancienne politique des tsars de Russie au Moyen-Orient et y menace la domination occidentale.

6

Le Moyen-Orient saisi par la guerre froide, le pétrole et le conflit israélo-arabe

La rivalité américano-soviétique en Orient

Le développement de la puissance soviétique au Moyen-Orient va constituer le souci principal des pays d'Europe de l'Ouest de 1945 jusqu'à l'effondrement de l'URSS en 1991-1992. Dans l'immédiat après-guerre, les puissances occidentales ont au Moyen-Orient des intérêts qu'elles considèrent comme stratégiques et vitaux pour leur sécurité. Cette région reste en effet un carrefour de communications, vital pour le déploiement rapide de troupes militaires vers l'Inde et l'Extrême-Orient, où l'URSS effectue aussi des percées politiques considérables grâce au triomphe du communisme en Chine et au développement des partis communistes dans toute la péninsule Indochinoise. Le contrôle militaire du Moyen-Orient devient donc pour l'Occident un élément fondamental de toute politique de défense. Pour faciliter ce contrôle, il faut aussi pouvoir agir sur la vie politique des pays de la région, afin d'empêcher la « subversion interne » que Moscou peut exercer à travers le développement des partis communistes locaux ; en Grèce, en Azerbaïdjan iranien et au Kurdistan, les Soviétiques ont failli à l'issue de la Seconde Guerre mondiale obtenir une prise de pouvoir des partis communistes, liés à celui de l'Union soviétique à travers l'organisation du Komintern.

De surcroît, contrairement à une idée reçue, la doctrine marxiste connaît alors un succès grandissant au Moyen-Orient. Les partis communistes s'y développent considérablement. Ils ne sont pas seulement créés et dirigés par des jeunes issus de minorités ethniques ou religieuses (kurdes, juifs ou chrétiens). S'y côtoient des fils de bourgeois ou de familles aristocrates, des enfants de classe moyenne, des ouvriers syndiqués, des chrétiens, des juifs et des musulmans, des artistes de talent et de grands intellectuels. À mesure que les pays occidentaux accumulent les erreurs dans la région, telles que l'appui sans réserve à la création d'Israël, puis l'alliance étroite qu'ils nouent avec ce nouvel État, ils voient avec inquiétude grandir l'influence intellectuelle de ces partis, mais aussi celle des partis nationalistes et anti-impérialistes qui vont de plus en plus être attirés par les diverses formes de régimes socialistes (yougoslave, russe, chinois).

Par ailleurs, le développement de l'industrie pétrolière au Moyen-Orient a fait de la région le plus vaste réservoir mondial d'énergie à bon marché, dont le contrôle est jugé vital pour le bon fonctionnement des économies occidentales. Si les compagnies européennes dominent l'exploitation des pétroles irakien et iranien, les compagnies américaines ont obtenu en 1945 le monopole exclusif de l'exploitation des énormes réserves saoudiennes. À partir du début des années 1960, les découvertes de réserves vont se multiplier au Moyen-Orient, en particulier dans les petites principautés bédouines et marchandes de la péninsule Arabique (Abu-Dhabi, Qatar, Koweït). Pour permettre au pétrole de s'écouler librement vers l'Europe et les Amériques, des oléoducs sont construits qui amènent le précieux liquide des eaux du golfe Persique et de la haute Mésopotamie en Irak (Kirkouk) à la Méditerranée, à travers les territoires syrien, libanais et palestinien. Tout le Moyen-Orient devient une zone d'intérêt vital aussi bien pour l'Europe de l'Ouest que pour les États-Unis, cependant que, pour l'Union soviétique, toujours affectée d'un complexe d'encerclement capitaliste, en dépit de ses victoires et conquêtes, la pénétration du Moyen-Orient, chasse gardée des Occidentaux, reste un objectif majeur de politique étrangère.

L'URSS a d'abord appuyé massivement la création d'un État juif en Palestine. Staline considérait en effet que le sionisme, majoritairement socialiste et originaire d'Europe centrale, désormais tombée sous sa domination, avait un potentiel révolutionnaire à l'échelle de la région, chasse gardée traditionnelle des Français et des Anglais. Mais l'Union soviétique se détournera du nouvel État israélien dès le milieu des années 1950. Elle s'orientera alors vers l'appui aux mouvements nationaux arabes, qui cherchent à secouer la domination franco-britannique, cependant qu'Israël trouvera des alliés naturels de plus en plus proches dans les anciennes puissances coloniales européennes. En 1956, l'expédition conjointe de Suez, où troupes israéliennes, anglaises et françaises attaquent l'Égypte, occupent le Sinaï et toute la zone du canal de Suez, symbolise le basculement définitif d'Israël dans le « camp occidental », dont les États-Unis vont désormais prendre la tête. L'Union soviétique fait en effet une entrée fracassante sur la scène du Moyen-Orient, en appuyant l'Égypte et en menaçant la coalition israélo-européenne d'intervention militaire. Les États-Unis, pour limiter les dégâts, obtiendront de faire évacuer les troupes israéliennes et franco-anglaises, et de se poser eux-mêmes en arbitre des situations moyen-orientales. Les positions politiques et militaires européennes sont définitivement ruinées au Moyen-Orient, où désormais les États-Unis et l'URSS se font directement face.

C'est pourquoi le conflit israélo-arabe va prendre une tournure de plus en plus aiguë et l'instabilité politique va gagner l'ensemble de la région. Les menées contradictoires des deux grandes puissances vont en effet empêcher toute forme de coopération régionale, pourtant indispensable pour stabiliser la région et assurer son développement économique. Le conflit israélo-arabe prendra des dimensions dramatiques qui entraîneront le Liban dans des violences continues (1975-1990), cependant que la manipulation de la religion musulmane pour contrer l'avancée du communisme dans les sociétés locales constituera un facteur additionnel d'instabilité, de plus en plus pesant dans la vie des États de la région. De plus, entre 1973 et 1985, les prix du pétrole connaîtront, à la hausse puis à la baisse, des variations extrêmement brutales, avec de très graves conséquences socio-économiques et politiques.

Les débordements du conflit israélo-arabe et l'épopée nassérienne

Coups d'État en Égypte et en Syrie, et tentatives d'alliance militaire

Ainsi que nous l'avons déjà évoqué, la défaite des armées arabes face aux milices juives en Palestine en 1948 entraîne la chute des gouvernements de Syrie (1949) et d'Égypte (1952). Dans ces deux pays, où la vie démocratique était intense, forgée dans la lutte contre les dominations coloniales française et anglaise, les militaires prennent le pouvoir avec le soutien des puissances occidentales. Il s'agit d'ailleurs déjà de mettre au pas les revendications des partis nationalistes, des partis communistes et des Frères musulmans, mouvement religieux conservateur antioccidental et antidémocratique fondé en 1928 en Égypte, dont la base arrière est l'Arabie Saoudite. Les États-Unis pensent alors qu'il sera possible, avec des régimes militaires forts, de mettre sur pied une alliance antisoviétique des principaux États du Moyen-Orient, qui inclurait aussi l'État d'Israël. Mais l'Égypte, sous la direction charismatique de Gamal Abdel Nasser, refuse toute idée de pacte militaire avec l'Occident tant que le conflit avec Israël n'est pas réglé et que les Anglais n'ont pas achevé l'évacuation de l'Égypte. Si l'idée d'accepter la création de l'État d'Israël a déjà fait son chemin dans les pays arabes, une telle acceptation est conditionnée par le retour des dizaines de milliers de réfugiés palestiniens sur leur terroir ancestral. L'Égypte et la Syrie cherchent par ailleurs à relever la capacité de leurs armées pour éviter une nouvelle catastrophe militaire face à l'État d'Israël, mais aussi à obtenir des aides substantielles pour leur développement économique.

Les États-Unis, de leur côté, conditionnent leur aide militaire et économique à une normalisation des relations israélo-arabes et à l'entrée des pays arabes dans une alliance militaire avec l'Iran et le Pakistan contre l'Union soviétique. Alors que l'Irak, la Jordanie et le Liban semblent prêts à un alignement pro-occidental sans conditions, l'Égypte et la Syrie résistent et, dès 1955, font des ouvertures de plus en plus poussées vers l'URSS pour obtenir armements et aide économique. La guerre froide s'installe entre pays arabes eux-mêmes et la Ligue des États arabes, créée en 1944 pour servir d'institution de concertation interarabe, sera soumise à des tensions de plus en plus vives.

L'expédition de Suez en 1956 met le feu aux poudres dans la région. Nasser en sort grandi dans le monde arabe et, en 1958, la Syrie s'unit à l'Égypte dans un grand moment de ferveur nationaliste arabe. La même année, une révolution militaire en Irak a abattu la monarchie pro-occidentale de ce pays ; la Jordanie vacille, le Liban connaît une miniguerre civile qui amène les États-Unis à débarquer des troupes sur les plages de Beyrouth. De 1958 à 1967, Nasser sera l'homme fort du Moyen-Orient, jouant habilement de la rivalité entre Washington et Moscou, et contribuant à la mise en place du Mouvement des non-alignés, qui regroupe les pays du tiers monde en quête de puissance dans l'ordre international. En dépit d'une contre-révolution en Syrie en 1961, qui entraîne la rupture de l'union syro-égyptienne, l'Égypte nassérienne, avec l'appui de Moscou, domine alors de sa stature l'ensemble du Moyen-Orient. En 1962, elle inspire une révolution militaire au Yémen, qui vit encore sous un régime de royauté obscurantiste, et elle envoie un contingent militaire soutenir les jeunes officiers rebelles ; aussitôt, des mouvements révolutionnaires fleurissent dans toute la péninsule Arabique, mettant en danger la domination militaire et pétrolière anglo-américaine.

La guerre de juin 1967

C'est la guerre israélo-arabe de 1967 qui va entraîner la fin de la puissance nassérienne et permettre aux États-Unis d'obtenir un recul progressif de l'influence soviétique au Moyen-Orient. Ce recul sera ensuite accéléré par la guerre d'octobre 1973 et la montée en puissance de l'Arabie Saoudite et de l'Iran (encore sous la domination du chah Mohammed Reza Pahlavi), fidèles alliés des États-Unis sur la scène moyen-orientale.

Grisée par sa propre puissance, l'Égypte s'est laissé prendre, au printemps de 1967, dans le jeu de surenchère israélo-arabe mené par la Syrie et Israël, dont les frontières connaissent des escarmouches militaires de plus en plus violentes. En fermant à la navigation israélienne le golfe d'Aqaba en mai 1967, l'Égypte a donné à Israël, soutenu par les États-Unis, le prétexte d'une nouvelle action militaire d'envergure. En trois jours, l'armée israélienne conquiert le Sinaï et toute la zone du canal de Suez ainsi que les hauteurs montagneuses du Golan syrien. C'est incontestablement une défaite des armes soviétiques qui équipent les armées syrienne et égyptienne. Quant à la Jordanie, qui a eu le malheur de se mêler à la bataille, elle perd en vingt-quatre heures toute la Cisjordanie et la partie arabe de Jérusalem.

À l'issue de la « guerre des Six Jours », le triomphe israélien est éclatant, la déconfiture des régimes égyptien et syrien, proches de Moscou, est totale. C'est en vain que l'URSS réarmera l'Égypte : la guerre d'usure que mène l'armée égyptienne pendant deux ans sur le canal de Suez au prix de très lourdes pertes civiles n'entame pas la supériorité incontestable de l'armée israélienne suréquipée par les États-Unis, après que la France, sous le général de Gaulle, s'est rapprochée du point de vue arabe dans le conflit et a mis un embargo sur les expéditions d'armes à destination d'Israël. Nasser meurt épuisé en septembre 1970, après avoir mis fin à la guerre d'usure et accepté le dialogue avec les États-Unis, ce qui lui vaut de sévères condamnations de la part des mouvements armés de résistance palestinienne qu'il a lui-même encouragés et qui ont investi la très bureaucratique Organisation de libération de la Palestine (OLP), créée en 1964 sous les auspices de la Ligue arabe. Désormais, l'influence soviétique s'exercera surtout à travers certains de ces mouvements de résistance, en particulier le Front populaire pour la libération de la Palestine du docteur Georges Habache et son aile dissidente, dite Front démocratique de libération de la Palestine, dirigée par Nayef Hawatmé.

L'émergence des mouvements armés palestiniens

Ces mouvements, plus ou moins aidés par le Fatah, l'organisation de Yasser Arafat, chef de l'OLP depuis 1968, tenteront en septembre 1969 une prise de pouvoir en Jordanie ; et le Front populaire pratiquera les détournements spectaculaires d'avions occidentaux en Jordanie, puis d'un avion d'El-Al en Ouganda, sans oublier l'attentat des jeux Olympiques de Munich en 1972. Chassés de Jordanie par la réaction brutale de l'armée jordanienne (c'est le tristement célèbre « Septembre noir »), les mouvements de résistance palestinienne se réfugient au Liban et finiront par obtenir le droit d'opérer contre Israël à partir de sanctuaires au sud du Liban. Les actions palestiniennes au Liban entraîneront une politique de représailles massives de l'armée israélienne contre les populations civiles libanaises et palestiniennes. Ces représailles vont faire entrer la petite République libanaise, jusque-là tenue à l'écart du conflit, dans une période de déstabilisation grandissante, amenant à la constitution d'une alliance des partis libanais dits « progressistes » (Parti communiste, Organisation des communistes libanais, Parti socialiste progressiste, Parti populaire syrien) avec les mouvements palestiniens constitutifs de l'OLP. Une alliance visiblement soutenue par Moscou (son chef, Kamal Joumblatt, le leader du Parti socialiste qui est en même temps la personnalité la plus influente de la communauté druze, reçoit en 1972 le « prix Lénine de la paix »). Le Liban, un des plus fidèles bastions occidentaux au Moyen-Orient, risque de tomber progressivement dans l'orbite soviétique.

En Syrie cependant, le général Hafez El-Assad, ministre de la Défense, s'affirme progressivement comme un « modéré ». En 1970, un coup d'État lui permet de prendre le pouvoir et d'éliminer l'aile gauchisante du parti Baath au pouvoir. Au même moment, en Irak, Saddam Hussein prend lui aussi le pouvoir et consolide la toute-puissance de la branche irakienne du même parti, en éliminant les forces nassériennes et communistes. Il prétend exercer un leadership arabe anti-impérialiste et antisioniste, et se heurte à la même ambition de la part de la Syrie. La rivalité entre ces deux régimes, se réclamant de la même idéologie préconisant l'unité arabe, fera partie désormais du paysage moyen-oriental et compliquera toute coordination au sein de la Ligue arabe.

La guerre d'octobre 1973, la montée en puissance de l'Arabie Saoudite et l'éclatement du Liban

En Égypte, le président Anouar El-Sadate, qui a succédé à Nasser en 1970, a pour obsession de mettre fin au conflit israélo-arabe et d'ouvrir l'Égypte aux capitaux étrangers pour sortir le pays du marasme économique et de l'épuisement auxquels l'a menée la politique nassérienne. Dès 1972, il chasse d'Égypte les nombreux experts soviétiques, signal sans équivoque donné aux États-Unis qu'il est prêt à rejoindre le camp occidental. Mais en octobre 1973, en coordination avec l'armée syrienne et avec le soutien de l'Arabie Saoudite très proche des États-Unis, il rompt le *statu quo* militaire en vigueur depuis 1969 sur le canal de Suez, que ses troupes parviennent à franchir. L'armée israélienne est surprise et délogée de ses meilleures positions ; elle doit en même temps faire face à une attaque de l'armée syrienne, qui tente de reconquérir le plateau du Golan perdu en 1967. Enfin, sous la houlette saoudienne, les pays arabes exportateurs de pétrole mettent en place un embargo partiel et sélectif sur les chargements de pétrole à destination des pays qui se solidariseraient avec l'État d'Israël. Les prix du pétrole, déjà très tendus depuis le début des années 1970, explosent, passant de 3 à 11 dollars le baril. Désormais, l'Arabie saoudite, le plus important des producteurs, va devenir une véritable puissance financière, compensant ainsi sa faiblesse politique et ayant les moyens de rendre acceptable son régime dictatorial d'intégrisme islamique étouffant.

La guerre d'octobre va aviver la guerre froide au Moyen-Orient. Les États-Unis, dont la politique étrangère est devenue beaucoup plus agressive et active sous le tandem Nixon-Kissinger, vont mettre en place un gigantesque pont aérien pour soutenir l'armée israélienne et lui permettre de reprendre l'offensive, tant en Égypte qu'en Syrie. Les Soviétiques montent le ton et menacent de débarquer des troupes en Égypte. Mais ils n'auront pas le temps d'agir, le président Sadate ayant accepté un cessez-le-feu et l'ouverture de négociations militaires avec Israël, sous la conduite américaine. L'armée syrienne se retrouve seule dans le combat. L'objectif américain de briser la solidarité arabe et de traiter séparément les différents fronts du conflit israélo-arabe a été atteint.

De fortes pressions exercées sur l'Arabie Saoudite amènent à une levée rapide de l'embargo pétrolier, avant même l'arrêt des combats sur le front du Golan syrien. Le président syrien devra donc à son tour signer un cessez-le-feu au printemps 1974, mais la diplomatie américaine ne cherche pas à aller plus loin avec la Syrie, qui continue d'entretenir d'étroites relations avec l'URSS. C'est sur l'amélioration des relations avec l'Égypte qu'elle met tout son poids, d'autant qu'elle trouve dans le président Sadate un interlocuteur docile et prêt à conclure une paix séparée avec l'État d'Israël. Pour combattre les mouvements d'opinion nassériens, communistes ou nationalistes arabes hostiles à sa politique, le président égyptien favorisera le retour en force des organisations des Frères musulmans à l'université et dans les syndicats. Il en sera finalement victime, assassiné par un groupuscule extrémiste en octobre 1981, trois ans après la signature des accords de Camp David établissant la paix entre Israël et l'Égypte, et entraînant le retrait des troupes israéliennes d'Égypte et la démilitarisation du Sinaï, sous contrôle américain.

En fait, dès 1975, le conflit israélo-arabe, gelé sur le front syrien et en voie de règlement avec l'Égypte, se déroulera exclusivement sur le territoire libanais. En effet, les aides des pays arabes affluent aux mouvements de résistance palestinienne implantés au Liban. Ceux-ci deviennent un État dans l'État et contrôlent des zones de plus en plus vastes du territoire libanais. Les représailles israéliennes contre le Liban, par leur ampleur, leur dureté et du fait de la passivité de la petite armée libanaise, discréditent définitivement l'État libanais. Les risques augmentent d'une prise de pouvoir des organisations palestiniennes alliées aux partis politiques libanais dits « progressistes », sous l'aile protectrice de Moscou. Les pays arabes proches de l'Occident qui aident les mouvements palestiniens prennent peur et apportent en même temps leur concours militaire et financier à la milice du Parti phalangiste, à tendance fascisante, laquelle a décidé de réagir par la force aux débordements de la présence palestinienne au Liban. Le parti, pourtant très minoritaire au Parlement libanais, se présente ouvertement comme un parti de défense des chrétiens contre une coalition dont l'objectif serait, selon lui, de détruire la coexistence islamo-chrétienne.

Ouvertes au printemps 1975, les hostilités ne s'arrêteront plus au Liban. Elles seront rythmées par l'intensité des tensions régionales. Le Liban sera pris en otage par les grands acteurs de la scène moyen-orientale. Ce sera d'abord l'armée syrienne, qui y pénètre au début de l'année 1976, avec la bénédiction des États-Unis et au grand dépit des Soviétiques. Il s'agit alors de freiner la dynamique subversive des forces dites « palestino-progressistes », ce qui est accompli par la chute du camp palestinien de Tell el-Zaâtar à Beyrouth, place forte des organisations palestiniennes de gauche. La dynamique palestinienne perdurant au sud du Liban, c'est au tour d'Israël d'envahir en 1978 les zones de cette région tenues par les mouvements palestiniens. Des troupes des Nations unies qui sont alors déployées, sur ordre du Conseil de sécurité, n'obtiennent pas le retrait total des troupes israéliennes. L'armée israélienne repart d'ailleurs à l'offensive en 1982, appuyée cette fois-ci par les États-Unis, et décidée à éradiquer à la fois la présence syrienne et la présence palestinienne du Liban, qu'elle cherche à satelliser. Pendant trois mois, de juin à août, la partie de Beyrouth tenue par les forces palestino-progressistes sera sauvagement bombardée par terre, par mer et par air, les vivres, l'eau et l'électricité coupés. L'OLP doit évacuer Beyrouth, pour s'installer à Tunis ; un gouvernement phalangiste, cautionné par les États-Unis et Israël, est porté au pouvoir à Beyrouth, où des contingents de militaires américains, français et italiens ont été implantés pour assurer le départ des militaires palestiniens. C'est dans ce contexte que le Parti phalangiste, désormais encadré sur le terrain par l'armée israélienne, se livrera en septembre 1982 à des massacres indiscriminés de civils palestiniens et libanais dans les camps de Sabra et Chatila. Ces massacres sont exercés à titre de représailles pour l'assassinat du chef phalangiste,

Bachir Gemayel, porté à la présidence de la République libanaise par la coalition israélo-américaine.

La riposte de la Syrie, appuyée cette fois-ci par l'Union soviétique et l'Iran (où entre-temps les religieux chiites ont pris le pouvoir), est foudroyante : attentats spectaculaires et meurtriers contre les contingents occidentaux, massacres du Chouf et déplacements forcés de populations encouragés par l'armée israélienne, alors principale puissance occupante du Liban, puis enlèvement d'otages occidentaux. De 1983 à 1990, le Liban ne connaîtra qu'un état d'anarchie, qui le laissera totalement exsangue. L'apparence de gouvernement reconstitué à travers les accords de Taef, conclus en Arabie Saoudite en octobre 1989, laisse intactes au Liban les encombrantes présences syrienne, israélienne et iranienne. La coalition des partis de la gauche libanaise s'est désintégrée et a laissé place à l'apparition de milices communautaires druzes et chiites ; cependant que, du côté chrétien, le Parti phalangiste et la milice dite des Forces libanaises se sont totalement discrédités, en particulier depuis leur affrontement violent avec le général en chef de l'armée libanaise, Michel Aoun, qui tenta en vain entre 1988 et 1990 de restaurer sous son égide la souveraineté du pays.

L'inexorable montée du fondamentalisme islamique au Moyen-Orient, la révolution iranienne et la guerre Iran-Irak

L'involution du Liban dans le communautarisme n'a fait que refléter la montée générale des fondamentalismes religieux au Moyen-Orient depuis la défaite arabe face à Israël en 1967. Pour mieux y lutter contre l'extension du communisme, les États-Unis ont encouragé l'Arabie Saoudite à mobiliser l'islam dans leurs efforts pour contenir l'influence de l'URSS. Ces efforts sont couronnés de succès en 1969, lorsque est mise sur pied à La Mecque la Conférence de l'Organisation des États islamiques (COEI). Avec les moyens financiers dont dispose l'Arabie Saoudite à partir de 1973, la COEI va devenir un redoutable rival du Mouvement des non-alignés, très anti-américain, et de la Ligue arabe, elle aussi tribune anti-impérialiste. La dictature militaire islamique pakistanaise, sera, aux côtés de l'Arabie Saoudite, le pilier de cette organisation. Le but avoué de la COEI est de lutter contre l'athéisme marxiste, d'affirmer les valeurs islamiques et de promouvoir la solidarité entre États islamiques. La Conférence a mis en place différents organismes spécialisés de solidarité (économie, finances, culture). Un peu partout, les mouvements intégristes sont financés et certains pays, attirés par les subsides généreux que versent par ailleurs l'Arabie Saoudite, le Koweït ou le Qatar, liquident les systèmes socialistes pour instaurer des régimes islamiques qui font la chasse au communisme athée.

Le succès spectaculaire de cette politique pousse les États-Unis à favoriser une prise de pouvoir des religieux à Téhéran, lorsque le régime du chah d'Iran vacille en 1979. La crainte est trop grande de voir la coalition des partis de gauche, en particulier le puissant Parti communiste (Toudeh) et les Moudjahidine Khalq, prendre le pouvoir. Tiré de son obscur exil irakien et installé à Paris, l'imam Khomeiny jouira de toute la sollicitude des médias internationaux pour s'affirmer comme chef charismatique de l'opposition iranienne. Lorsque le chah d'Iran, malade, abandonne le pouvoir, l'imam est ramené de Paris à Téhéran le 1er février 1979, dans un avion spécialement affrété par le gouvernement français, qui le traite comme un véritable chef d'État. L'imam sitôt installé, et pour mieux réduire l'opposition de gauche à l'ancien régime, se lance dans la surenchère anti-impérialiste, qui aboutit à la spectaculaire prise en otage de diplomates américains à Téhéran. Le nouveau régime entre alors dans une surenchère islamique à l'échelle régionale et internationale, que les deux grandes puissances ne semblaient pas avoir prévue.

En décembre 1979, l'URSS réagit en pénétrant en Afghanistan, pour soutenir un régime socialiste qui lui est favorable, devenu très fragile. Les États-Unis n'ont plus d'autre choix que de continuer, à travers les deux alliés fidèles que sont l'Arabie Saoudite et le Pakistan, de renforcer partout dans les pays musulmans les mouvements intégristes sunnites et chiites. La concurrence est désormais ouverte pour la conquête du Moyen-Orient, où les positions soviétiques deviennent intenables et où la Syrie s'est étroitement alliée à l'Iran khomeyniste, ce qui lui donne les moyens de résister à la déstabilisation que les islamistes sunnites pratiquent chez elle. L'Irak, poussé par les gouvernements occidentaux et désireux d'affirmer sa puissance au Moyen-Orient, se lance en septembre 1980 dans une guerre dévastatrice contre l'Iran, qui avait exercé de nombreuses provocations militaires et politiques à son endroit.

C'est sous le règne de Saddam Hussein, qui a débuté en 1969, mais n'est devenu absolu qu'en 1974, que l'Irak acquiert le statut d'une puissance régionale influente, jouissant de la sollicitude des pays occidentaux. Le dictateur irakien se présente en effet comme un moderniste et un nationaliste laïque, alors que la région verse dans diverses formes d'islamisme. Dans les années 1970, l'Irak se développe considérablement, en particulier sur le plan de l'éducation, de la santé et des grandes infrastructures. Il parvient même, en 1979, à conclure avec la France un accord pour la construction d'une centrale nucléaire à usage civil. L'armée irakienne est dotée des armements les plus sophistiqués, livrés par les puissances européennes et l'URSS ; enfin, l'Irak développe considérablement ses réserves et sa production pétrolières. En bref, ce pays jusqu'alors marginal devient un élément clé du devenir de la région.

Toutefois, en envahissant l'Iran – pour le plus grand profit des monarchies pétrolières du Golfe placées sur la défensive par la propagande iranienne, subversive de l'ordre établi, mais aussi poussé par les États-Unis et les pays européens qui voient avec inquiétude la capacité déstabilisatrice du régime de Khomeiny –, Saddam Hussein ne semble pas réaliser qu'il s'attaque à un pays beaucoup plus grand et plus puissant que le sien. Aussi, après la griserie des premières victoires irakiennes en Iran, l'armée iranienne passe à la contre-offensive et s'enfonce à son tour dans le territoire irakien. Pour contenir la poussée iranienne, l'Irak recevra alors des États occidentaux, notamment de la France et des États-Unis, toute une panoplie d'armements, y compris des armes prohibées servant à fabriquer des gaz de combat. Ce n'est qu'en juillet 1988 que l'Iran acceptera le cessez-le-feu. Les pertes en vies humaines (sans doute plus d'un million de morts) et en destructions sont immenses dans les deux pays.

7

La première guerre du Golfe et ses effets

La mise sous tutelle de l'Irak

L'Irak sort de la guerre avec l'Iran à la fois surendetté et surarmé. Ce qui alimente l'ire de Saddam Hussein face à son autre voisin, bien plus modeste, le très riche État du Koweït – pourtant très exposé aux convoitises iraniennes –, qui refuse à l'Irak une remise de dettes et une correction de frontières qui renforcerait sa position militaire face à l'Iran, ainsi que l'arrêt des pompages pétroliers excessifs dans le champ de Roumeila, situé à cheval sur la frontière irako-koweïtienne. Le 2 août 1990, les troupes irakiennes envahissent le Koweït. La riposte occidentale, à l'initiative des États-Unis, sera démesurée, marquant le spectaculaire lâchage d'un régime dictatorial et sanguinaire, pourtant soutenu sans scrupule depuis près de vingt ans. L'intervention de l'armée américaine et des troupes alliées (celles de la France, du Royaume-Uni, du Canada et des Pays-Bas, mais aussi d'une bonne partie des États du Moyen-Orient, dont l'Arabie Saoudite, la Turquie, l'Égypte et la Syrie) est légitimée par une série de résolutions des Nations unies autorisant le recours à la force. Elle aboutit au débarquement de 500 000 hommes en Arabie Saoudite, à des bombardements massifs de toutes les infrastructures irakiennes, puis à une campagne éclair en janvier et février 1991, qui chasse l'armée irakienne du Koweït, causant de très lourdes pertes humaines aux contingents qui s'en retirent en désordre.

Simultanément encouragée par les Occidentaux, la révolte kurde au nord de l'Irak n'est cependant pas appuyée militairement, ce qui aboutit à des drames humains d'une vaste ampleur et à une extension des désordres et de la répression dans le Kurdistan turc. Il en est de même des rébellions chiites au sud de l'Irak. Mais si, pour les Kurdes, les pays occidentaux installent alors au nord de l'Irak une zone où il sera interdit à l'armée irakienne de pénétrer, ce qui permettra d'y créer l'embryon d'un État kurde, il n'en est pas de même pour la rébellion au sud : l'armée américaine l'abandonne à son sort, sur la demande instante des pays arabes membres de l'alliance, effrayés par la perspective de l'émergence d'un État chiite irakien qui serait sous la coupe de l'Iran. L'armée de Saddam Hussein, à qui il est permis de se déployer dans cette partie du pays, déchaînera une répression impitoyable sur les habitants du sud de l'Irak.

Ainsi, le régime irakien survit à sa défaite, mais le Moyen-Orient sort encore plus fragilisé de cette nouvelle intervention occidentale directe – favorisée par la disparition définitive de la puissance soviétique au Moyen-Orient, sur laquelle le président irakien avait compté à tort pour empêcher le déploiement de forces de la coalition militaire occidentale constituée pour libérer le Koweït. Ce sont les pays arabes voisins, ainsi que la Turquie, qui dissuadent le président américain de laisser les troupes de la coalition arriver à Bagdad pour y opérer un changement de régime, voire un démembrement du pays qui s'esquisse avec les deux rébellions, kurde au nord et chiite au sud. L'Égypte et les pays de la péninsule Arabique ont craint en effet que l'Iran, qui se veut protecteur des chiites et qui abrite une partie de l'opposition au régime irakien, n'augmente encore son influence sur les pays arabes. Quant à la Turquie, qui fait face chez elle aux revendications nationalistes kurdes, elle ne peut que craindre la création d'une région autonome kurde à ses frontières.

De plus, désormais, partout les mouvements islamistes s'agitent, sans que l'on sache qui les contrôle. Peu de temps après la première

« guerre du Golfe », survient ainsi une série d'attentats terroristes dans le royaume saoudien lui-même, dont l'un vise un camp militaire américain : l'irruption de l'armée américaine en Arabie Saoudite, à quelques kilomètres des Lieux saints musulmans, a en effet provoqué de profonds remous, d'autant plus que, après leur victoire, ces troupes ne se sont pas retirées de la péninsule Arabique, suscitant l'indignation dans les milieux rigoristes islamiques. Une conjoncture que va habilement mettre à profit le régime jusque-là « laïque » de Saddam Hussein, estimant de bonne politique, pour mieux résister à ses adversaires arabes ou iraniens, qui avaient qualifié son régime d'« impie », de montrer à son tour une certaine dose de rigorisme religieux : il décide d'afficher sa piété islamique, notamment par l'inscription de formules d'affirmation de la foi musulmane sur le drapeau irakien, ce qui se traduira par des reculs en matière de statut de la femme, alors que l'Irak était considéré, avec la Tunisie, comme l'un des pays arabes les plus avancés dans la promotion des droits de la femme.

Un autre retournement, plus lourd de conséquences, intervient à la suite de la première guerre du Golfe : les groupes de terroristes se réclamant d'Oussama Ben Laden, héros saoudien de la guerre de libération de l'Afghanistan qui a formé, avec l'appui des États-Unis, de l'Arabie Saoudite et du Pakistan, des milliers de jeunes recrues arabes pour aller se battre contre l'armée soviétique, deviendront de plus en plus agissants. Une fois l'Afghanistan libéré, ils partiront se battre dans les Balkans (en Bosnie et au Kosovo), où la Yougoslavie éclate en plusieurs États, mais aussi en Russie (Tchétchénie). Ils sont alors encore dans le sillage des politiques occidentales de l'après-guerre froide. Mais, à partir de la moitié des années 1990, ils retourneront leurs armes contre les États-Unis, dont les ambassades au Kenya et en Tanzanie seront l'objet d'attentats sanglants en 1998. Ben Laden deviendra l'homme le plus recherché de la planète, en particulier après les spectaculaires et dramatiques attentats de New York et de Washington du 11 septembre 2001.

L'impossible émergence d'un État palestinien

Sur le front palestinien, les États-Unis, forts de leur victoire dans la campagne éclair pour libérer le Koweït, organisent des pourparlers solennels entre pays arabes et gouvernement israélien à Madrid. Un processus de paix lourd et complexe est mis en route, mais la paix ne sera pas au rendez-vous. Signés en grande pompe à la Maison-Blanche en 1993, sous le regard attendri du monde entier, les « accords d'Oslo » entre l'OLP et l'État d'Israël permettent, certes, le retour des dirigeants palestiniens de l'extérieur en Cisjordanie ou à Gaza, mais ne débouchent nullement sur une évacuation des territoires occupés. Bien plus, ces accords totalement asymétriques parce que n'imposant d'obligations qu'à l'Autorité palestinienne qui est créée, vont permettre à l'État d'Israël de continuer la colonisation de la Cisjordanie et de Gaza. La reprise d'une résistance armée contre le maintien de l'occupation sera le prétexte pour Israël de retarder encore plus une évacuation totale.

D'interminables négociations se tiennent sur l'ampleur du retrait et d'éventuelles frontières, sans qu'elles débouchent sur un accord. La question du statut de la partie arabe de Jérusalem et celle du droit au retour des réfugiés palestiniens, prévu par une résolution de l'Assemblée générale des Nations unies, sont les deux pierres d'achoppement les plus rugueuses, mais aussi le sort des colonies israéliennes. Ces dernières se sont considérablement développées depuis les débuts de l'occupation israélienne en 1967 et la carte de la Cisjordanie est devenue comme une peau de léopard tachetée partout par les colonies que l'État d'Israël a reliées entre elles et avec le territoire israélien lui-même. Il est donc de plus en plus difficile d'envisager la création d'un État palestinien, sans que cela oblige l'État d'Israël à démanteler de nombreuses colonies situées loin de la frontière d'origine entre le territoire israélien et la Cisjordanie.

Au fil des années, d'ailleurs, l'État israélien s'est habitué à vivre en État occupant qui pratique des représailles continues. En 1995, l'assassinat du Premier ministre israélien Itzhak Rabin, le signataire des accords d'Oslo avec Shimon Peres, par un jeune colon israélien qui refuse la cession des territoires palestiniens, n'aidera pas non plus les futurs gouvernements israéliens à se montrer plus accommodants. De leur côté, les pays occidentaux sont de moins en moins critiques de cette politique ; les États-Unis, en particulier, bloquent toute condamnation d'Israël au Conseil de sécurité des Nations unies. À la différence de ce qui s'est passé pour l'Afrique du Sud, la Rhodésie, la Namibie, plus tard pour le Timor oriental ou la Bosnie et le Kosovo, aucune puissance occidentale n'intervient directement ou par Nations unies interposées pour protéger la population palestinienne occupée et la restaurer dans ses droits à l'autodétermination et à la création d'un État indépendant.

Aussi, les attentats commis par les Palestiniens et les représailles massives exercées par l'armée israélienne entraînent un cycle de violence que rien n'arrête. Mais, désormais, les attentats palestiniens sont surtout revendiqués par des organisations se réclamant de l'islam, les anciens mouvements nationalistes et laïcs de l'OLP s'étant assagis. À partir de 1996, ces attentats prendront la forme de commandos suicide sur le modèle de la guérilla tamil au Sri Lanka et frapperont parfois les grands centres urbains en Israël même. Israël et la plupart des puissances occidentales n'y voient qu'une forme particulièrement perverse de terrorisme qu'il faut combattre sans répit. Un premier sommet antiterroriste se tient dans la ville égyptienne de Charm-El-Cheikh en 1996, regroupant des chefs d'État du monde arabe, des États-Unis et de l'Europe.

En septembre 2000, à l'occasion d'une visite provocatrice du général Ariel Sharon sur l'esplanade des Mosquées de Jérusalem, l'Intifada palestinienne reprend. L'armée israélienne envahit à nouveau les parties de la Cisjordanie et de Gaza qu'elle avait évacuées ; elle détruit les infrastructures de l'Autorité palestinienne, l'embryon d'État issu de l'accord d'Oslo et fait une chasse féroce aux opposants.

Le rebondissement des conflits du Moyen-Orient malgré la disparition de l'URSS

Ainsi, tous les espoirs nés dans les années 1990, à la faveur du processus de Madrid et des accords d'Oslo, s'évaporent. Le président George Bush, à la suite de la guerre du Golfe et de la libération du Koweït, avait pourtant promis un ordre international nouveau où le droit international ne serait plus bafoué. De même, en 1992, dans un ouvrage intitulé *The New Middle East*, Shimon Peres avait esquissé de grands espoirs, appuyés par l'administration américaine, de créer une zone de libre-échange et de prospérité au Moyen-Orient. Il y dénonçait cependant l'obstacle du terrorisme islamique, adoptant la thèse peu réaliste que ce terrorisme n'était qu'un reliquat d'irrationalité dans les sociétés musulmanes, dont les causes n'avaient aucun lien avec le maintien de l'occupation des territoires palestiniens conquis en 1967 [1].

Au Liban, si les hostilités entre milices libanaises et factions rivales s'arrêtent en octobre 1990, c'est au prix d'une mise sous tutelle du pays par la Syrie, avec la bénédiction des États-Unis. Le gouvernement syrien est ainsi récompensé pour son ralliement à la coalition militaire occidentale formée pour obliger l'Irak à évacuer le Koweït. Le général Michel Aoun, commandant en chef de l'armée libanaise, est exilé du Liban. Il avait entrepris en 1989 une action visant à débarrasser le pays des milices armées qui semaient la terreur depuis 1975, action qui se transforma en guerre de libération du pays de l'emprise des troupes syriennes. D'abord soutenue principalement par la France et l'Irak, cette initiative échoue, en raison de la conjoncture nouvelle créée par l'invasion irakienne du Koweït. Le général est abandonné et le feu vert sera donné par les États-Unis à une opération militaire syrienne qui le déloge du palais présidentiel où il s'était installé après avoir été nommé Premier ministre par le président de la République libanaise, dont le mandat s'était achevé en septembre 1988. Dans un premier temps, la Chambre des

1 L'ouvrage a été traduit en français sous le titre *Le Temps de la paix*, Odile Jacob, Paris, 1993.

députés ne parviendra pas à s'entendre sur un successeur et le pays vivra quelque temps sans chef d'État et avec deux gouvernements rivaux, l'ancien gouvernement refusant de céder le pouvoir à celui constitué par le général Aoun.

Cependant, la nouvelle conjoncture créée par l'invasion du Koweït permet la conclusion d'un accord entre les factions combattantes libanaises qui se traduit par l'approbation de réformes constitutionnelles majeures après une entente entre députés libanais, réunis en Arabie Saoudite dans la ville de Taëf, et qui adoptent un document d'entente nationale. Cet accord est conclu en septembre 1989 sous la houlette saoudo-américaine et endossé par une déclaration du Conseil de sécurité des Nations unies. Il réaménage la répartition traditionnelle des compétences constitutionnelles entre le chef de l'État, le Premier ministre et le président de la Chambre des députés. Sitôt après son adoption, un nouveau président de la République est élu au mois de novembre 1989 ; il est assassiné quelques jours plus tard, avant même d'avoir pu prendre ses fonctions. La Chambre des députés se réunit à nouveau et élit un autre président. Le général Aoun, dans un dernier effort pour empêcher une mainmise syrienne définitive sur le Liban, a entre-temps dissous la Chambre des députés, qui n'en a tenu aucun compte. En octobre 1990, une opération de l'armée syrienne l'oblige à se réfugier à l'ambassade de France à Beyrouth. Quelques mois plus tard, il est transféré en France, où il restera exilé durant quinze ans.

Le nouveau régime politique du Liban tombe alors très vite sous la domination d'un seul homme, Rafic Hariri, milliardaire saoudo-libanais, proche de la Syrie et du roi d'Arabie Saoudite, mais aussi du futur président français Jacques Chirac – qui lui vouera une amitié aveugle et lui accordera un soutien sans restriction pour toutes ses actions. En 1992, Hariri est nommé Premier ministre du Liban et le restera jusqu'en 2004 (avec une interruption de vingt-deux mois entre décembre 1998 et octobre 2000). Un culte de la personnalité peu commun se développera autour de lui pour en donner l'image d'un bâtisseur philanthrope et d'un homme d'État exceptionnel. Pourtant, c'est sous son règne qu'une corruption d'une ampleur inégalée se développera au Liban et que ses gouvernements successifs accumuleront une dette colossale (35 milliards de dollars à la fin de l'année 2004) pour des travaux de reconstruction somme toute modestes (environ 6 milliards de dollars durant cette période) et une dette de 2 milliards de dollars seulement héritée de la période des quinze ans de guerres (1975-1990).

L'État d'Israël continuera d'occuper le sud du Liban jusqu'en mai 2000, lorsque le gouvernement d'Ehud Barak estime ne plus pouvoir supporter les pertes que le Hezbollah fait subir à l'armée israélienne occupante. Mais entre-temps, cette armée aura procédé à deux grandes opérations de bombardements du Sud-Liban durant plusieurs jours, l'une en 1993 et l'autre en 1996 qui mettent sur les routes des dizaines de milliers de familles libanaises et font d'innombrables victimes civiles dans la population des zones visées. Le Hezbollah sortira grandi de son succès à chasser l'armée israélienne du Sud et il deviendra de ce fait un élément clé de la politique interne libanaise. Depuis 1992, d'ailleurs, il avait réussi à faire élire plusieurs députés aux élections successives. En 2005, il intégrera pour la première fois un gouvernement, avec deux ministres.

La disparition de l'URSS en 1989-1990 n'a donc guère facilité le retour du Moyen-Orient à la stabilité. Les régimes arabes clients de l'URSS ou proches d'elle vont survivre à sa disparition (Syrie, Libye, Irak). Et, contrairement à ce qu'affirmaient les États-Unis et beaucoup de commentateurs occidentaux, la disparition du géant soviétique n'entraîne pas celle des problèmes brûlants du Moyen-Orient, tous issus du démembrement de l'Empire ottoman, des ambitions pétrolières des puissances occidentales et de l'occupation par Israël des territoires non seulement en Cisjordanie et à Gaza, mais aussi en Syrie (plateau du Golan) ou au Liban (une large partie du sud du pays jusqu'en 2000, puis la région frontalière des « Fermes de Chéba »). Le régime iranien, issu de la révolution dite « religieuse » conduite par l'imam Khomeiny, même assagi après l'élection du pragmatique Hachémi Rafsandjani – qui préside aux destinées de la République iranienne après le décès de l'imam (1989) et jusqu'en 1997 –, puis du très cultivé Mohammed Khatimi, président de 1997 à 2005, continue d'être regardé avec suspicion par les États-Unis : ceux-ci n'ont toujours pas accepté l'humiliante prise en otage des diplomates américains à Téhéran en 1979 et maintiennent des sanctions contre ce pays, toujours perçu comme un soutien du terrorisme.

Il avait été jusque-là de bon ton de considérer que la main de l'URSS était derrière les gouvernements arabes dits « radicaux », soutenant le terrorisme et refusant d'accepter l'existence d'Israël. Depuis la révolution iranienne, la subversion khomeyniste était venue s'ajouter, aux yeux des dirigeants occidentaux, à celle des Soviétiques. Mais les attentats de New York et de Washington du 11 septembre 2001, attribués à la nébuleuse terroriste d'Al-Qaida, vont contribuer à apporter de nouveaux changements majeurs dans un Moyen-Orient toujours aussi instable à la fin des années 1990, après la disparition de l'URSS.

8

Le nouveau Moyen-Orient sur le mode américain : hégémonie, démocratie et terrorisme

La démocratisation par la force ?

En réalité, c'est autant la personnalité du nouveau président américain élu en 2000, George W. Bush, fils de l'ancien président Bush qui avait organisé l'expédition militaire pour libérer le Koweït, que la gravité des attentats du 11 septembre qui vont entraîner des regains de violence et de tension au Moyen-Orient. L'équipe de faucons néoconservateurs fédérée autour du nouveau président rêve en effet de remodeler le Moyen-Orient, région du monde qui apparaît rebelle à la vague de démocratisation ayant suivi, peu ou prou, la fin de la guerre froide sur tous les continents, en Asie comme en Amérique latine et en Afrique. Il s'agit d'ailleurs d'une tâche à laquelle s'est attelée aussi l'Union européenne à travers le processus de Barcelone, initié en 1995, et qui vise à créer une zone de libre-échange euroméditerranéenne où règnent l'état de droit et l'économie de marché concurrentielle. Plus inquiétant, en revanche, est le succès dans les cercles néoconservateurs américains de la thèse de l'universitaire Samuel Huntington sur un conflit de civilisation qui risque d'opposer l'Occident à l'islam et, éventuellement, au confucianisme asiatique. Cette thèse, lancée d'abord dans un article de la revue américaine *Foreign Affairs* en 1992, puis reprise et développée l'année suivante dans un ouvrage devenu célèbre, acquiert une notoriété mondiale.

Dès son arrivée au pouvoir, le président américain annonce qu'il ne s'intéressera pas au conflit israélo-palestinien, les vrais problèmes de la région étant aux yeux de son équipe le terrorisme, l'Iran et les armes de destruction massive que l'Irak est censé détenir, malgré le régime draconien d'embargo et d'inspection des Nations unies. Les attentats du 11 septembre seront perçus comme une claire confirmation de cette vision du monde : ils ouvriront pour la nouvelle administration américaine le chemin des guerres préventives et de l'invasion successive de l'Afghanistan, à la pointe extrême du Moyen-Orient et supposé abriter le redoutable Ben Laden et son organisation terroriste, puis de la Mésopotamie au cœur du monde arabe. En fait, l'invasion de l'Irak en mars 2003 semble continuer l'œuvre inachevée de la première guerre du Golfe en 1991. Au-delà du prétexte de la présence d'armes de destruction massives en Irak – en fait inexistantes, comme le montrera un rapport officiel américain neuf mois après l'invasion –, le président George W. Bush affirme vouloir reconstruire le Moyen-Orient sur des bases démocratiques et stables.

Le 6 novembre 2003, en effet, soit six mois environ après l'invasion et l'occupation de l'Irak, il annonce officiellement une initiative pour promouvoir la liberté et la démocratie au Moyen-Orient, pompeusement appelée « Greater Middle East ». Cette initiative deviendra en juin 2004 « Broader Middle East and North Africa Initiative ». Elle doit établir un « Forum pour le futur » où les dirigeants du G8 et ceux de la région, ainsi que des représentants du monde des affaires et de la société civile, se réuniront pour discuter des réformes. Cette initiative est soumise à la réunion du G8 qui s'est tenue en juin 2004 à Sea Island aux États-Unis, où quelques chefs d'État du Moyen-Orient ont été invités. Elle prévoit aussi une assistance pour la promotion d'institutions démocratiques dans la région, des prêts à la micro-entreprise, la formation de spécialistes de la lutte contre l'analphabétisme, la formation des femmes pour gérer des entreprises et l'investissement de 100 millions de dollars pour financer les petites et moyennes entreprises. Tous les grands pays occidentaux, d'ailleurs, auront à cœur de lancer des initiatives de réforme dans le monde arabe, cependant que l'Égypte et le Yémen organiseront des conférences solennelles pour promouvoir dans les pays arabes la démocratie et la « gouvernance », terme à la mode. Même la Ligue arabe, lors d'un sommet de chefs d'État tenu à Tunis les 22 et 23 mai 2004, entonnera le chant de la réforme et de la gouvernance.

Mais dans le même temps, alors qu'autrefois on reprochait aux régimes arabes de réprimer les mouvements islamiques et d'ignorer de ce fait les principes des droits de l'homme, il leur est désormais enjoint d'éliminer totalement ces mouvements, même lorsqu'ils constituent l'ossature de leur pouvoir, comme en Arabie Saoudite, ou même quand ils sont totalement intégrés dans le jeu parlementaire, comme le Hezbollah au Liban. Il en sera de même, en janvier 2006, lorsque le mouvement Hamas deviendra le parti majoritaire aux élections palestiniennes.

Dans ces conditions, il n'est pas surprenant que l'appel à la démocratie et à la réforme dans le monde arabe, comme toute la gamme de pressions militaires et politiques exercées par les États-Unis, assistés de plusieurs alliés européens, ne donne pas les résultats escomptés du point de vue occidental. Ce processus n'est pas sans rappeler la période des *Tanzimat* au XIXe siècle, quand les puissances coloniales européennes réclamaient la réforme démocratique des institutions de l'Empire ottoman par l'institution de l'égalité entre musulmans et non-musulmans ou la protection des minorités ethniques et religieuses, en même temps qu'elles envahissaient et occupaient les provinces balkaniques et arabes de cet empire. On sait que ces interventions européennes au caractère hybride et contradictoire, à la fois démocratique et colonial, se sont terminées dans les massacres, déplacements et échanges forcés de populations lors de la Première Guerre mondiale.

La crise irakienne : guerre préventive et occupation

Nombre de témoignages sérieux et autorisés, de source américaine ou autre, attestent que l'administration Bush était décidée à envahir l'Irak dès les événements du 11 septembre 2001 – voire avant –, la présence supposée d'armes de destruction massive mettant en danger la paix du monde ne constituant qu'un prétexte. Pour autant, les motifs réels de l'invasion américaine continuent d'être objet de perplexité et d'interprétations divergentes : défense d'Israël, contrôle du pétrole, besoin d'affirmation de la puissance impériale après l'effondrement de l'ennemi soviétique, ou toute combinaison de ces trois motifs pertinents. Mais, quel qu'ait été le motif de l'invasion, le résultat, lui, ne fait pas de doute : un nouveau et grave traumatisme dans la psychologie déjà tourmentée et fatiguée des peuples de la région, ainsi qu'une série de nouvelles violences et de souffrances.

Très rares ont été les informations sur l'état de délabrement absolu des infrastructures irakiennes et d'appauvrissement généralisé de la population créé par l'invasion. Sur ce plan, celle-ci a achevé l'œuvre de destructuration totale de la société irakienne qu'avaient provoquée treize années d'embargo économique décrété par les Nations unies, venant se surajouter aux massacres et déplacements forcés de populations entrepris par la dictature de Saddam Hussein dans le contexte de guerre permanente qu'il faisait vivre à son pays depuis le déclenchement des hostilités avec l'Iran en 1980. La façon dont les États-Unis ont envahi et laissé piller les administrations d'État et le patrimoine archéologique et culturel du pays, puis dissous l'armée, la police et tous les services de sécurité ne peut être attribuée qu'à une légèreté criminelle difficilement concevable pour une puissance dont la capacité de planification et de gestion civile ou militaire est réputée, ou, beaucoup plus probablement, à la volonté d'empêcher que l'Irak puisse un jour redevenir vraiment indépendant.

Encore plus accablant est le fait que le colonisateur américain, suivant les traces des anciens colonialismes européens au

Proche-Orient, a joué des divisions communautaires, ethniques et régionales pour asseoir sa domination et imposer son arbitrage. Comme cela s'était passé ailleurs – au Liban (les « privilèges » des maronites) ou en Yougoslavie (le nationalisme panserbe et le dictateur Milosevic) –, en Irak aussi une victime expiatoire a été désignée par les médias internationaux comme source unique de tous les malheurs : la minorité sunnite, ainsi que Saddam Hussein et son clan qui en sont issus. Les chiites et les Kurdes ont été mis en avant comme seules victimes de la dictature ; communautarisme et ethnisme ont été poussés à leur paroxysme, les chefs de tribu et les autorités religieuses chiites étant choisis comme interlocuteurs locaux privilégiés de l'occupant, au détriment des classes moyennes nationalistes et même des émigrés de l'opposition à l'étranger qui rentraient au pays. Dans ce peuple jusque-là imperméable au communautarisme, une guerre civile larvée a été encouragée entre sunnites et chiites ; elle a pris une ampleur croissante, tandis que, dans les villes du nord du pays, les rivalités entre Kurdes, évincés démographiquement par la politique de déplacement forcé de Saddam Hussein, Turcomans et Arabes prenaient une tournure de plus en plus sanglante.

En janvier 2005, des élections consacrent la rupture entre sunnites, qui boycottent largement le scrutin, et chiites qui y participent massivement, raflant la majorité des sièges. Si la population se rend aux urnes avec courage, malgré les menaces des organisations de résistance armée, c'est qu'elle entend affirmer pacifiquement son existence face à l'occupation. La poursuite du processus de mise en place des nouvelles institutions, notamment une nouvelle Constitution qui permette l'établissement du fédéralisme, n'arrête guère le cycle de violences. Celui-ci produit des sabotages répétés des installations pétrolières, des attaques meurtrières contre les commissariats de police, des voitures piégées qui visent des lieux de culte ou des places publiques, sans compter les attaques contre les troupes américaines occupantes. Ces dernières pratiquent des représailles massives et collectives sur des villes entières (comme à Falouja en 2004), cependant que la corruption des autorités d'occupation et des nouveaux responsables nommés par elles prend sans cesse plus d'ampleur, que les enlèvements et assassinats d'étrangers ou d'Irakiens se multiplient, mais qu'éclate aussi le scandale des tortures pratiquées par l'armée américaine dans les prisons irakiennes : tout cela crée dans la région un nouveau foyer spectaculaire de tension.

Dès les premières années de l'occupation, le gouvernement américain accusait les régimes iranien et syrien d'être responsables du chaos sanglant qui s'était installé en Irak, et justifiait le maintien de sa présence par la recrudescence du terrorisme, dont la responsabilité était attribuée tantôt aux anciens baathistes du régime déchu, tantôt à Al-Qaida, tantôt aux sabotages iraniens et syriens de la stabilité de l'Irak. Mais les effets déstabilisateurs du processus de domination américaine sur le Moyen-Orient mis en œuvre par l'administration de George W. Bush ne s'arrêtent pas à l'Irak.

La résolution 1559 : déstabilisation du Liban et encerclement de la Syrie

Au printemps 2000, grâce à la libération par le Hezbollah du sud du pays après vingt-deux ans d'occupation israélienne, le Liban commence enfin à retrouver la stabilité – bien que toujours à l'ombre de la présence hégémonique de la Syrie, que bénissent la majorité des politiciens locaux. Paradoxalement, les effets régionaux des événements dramatiques du 11 septembre 2001 vont faciliter ce retour à la normale : les riches touristes arabes de la péninsule Arabique se détournent des destinations chic, européennes ou américaines, et reviennent en nombre au Liban, où il n'y a plus d'opérations militaires du Hezbollah. Les capitaux aussi affluent dans les banques libanaises, fuyant les contrôles internationaux tatillons mis en place pour traquer les financements des organisations terroristes, souvent en provenance de la péninsule Arabique. En même temps, le dispositif militaire syrien au Liban est allégé : entre 2000 et 2004, le nombre de soldats syriens est réduit de 40 000 à 14 000. Dès 2001, Beyrouth retrouve son rôle de capitale arabe à la faveur de la tenue du sommet des chefs d'État de la Ligue arabe en 2002 ; puis ce sera le sommet des chefs d'État francophones, qui se tient dans la capitale libanaise en 2003.

Mais à la fin de l'été 2004, le Liban est à nouveau déstabilisé. La crise éclate lorsque l'incontournable Premier ministre libanais, le milliardaire Rafic Hariri – qui entretient des relations particulièrement étroites avec les gouvernements des pays occidentaux et la nomenklatura syrienne –, après s'être élevé contre la possibilité d'un prolongement du mandat du président de la République Émile Lahoud, s'y rallie et fait approuver par la Chambre des députés l'amendement constitutionnel permettant ce prolongement. Mais le 2 septembre 2004, à la veille de cette séance parlementaire, le Conseil de sécurité des Nations unies, sur une proposition franco-américaine, a voté la résolution 1559, enjoignant le Liban de ne pas permettre l'extension du mandat présidentiel, la Syrie de retirer ses troupes du Liban et le gouvernement libanais de désarmer toutes les milices (palestiniennes ou libanaises) encore existantes sur son territoire et de déployer son armée au sud du Liban. Derrière cette résolution, l'objectif des États-Unis était double : faire sortir le Liban du protectorat syrien dans lequel ils l'avaient eux-mêmes placé en 1990 et désarmer le Hezbollah – pourtant considéré comme une résistance nationale par beaucoup de Libanais, en dépit de ses attaches avec l'Iran et la Syrie. De fait, la résolution rejetait le pays dans la situation où il se trouvait en 1975, lorsque éclatèrent les troubles entre les mouvements de résistance palestiniens, alliés aux partis libanais dits « progressistes », et les partis de la droite conservatrice dirigés par des personnalités politiques chrétiennes.

Rafic Hariri, incontestablement l'homme le plus influent sur la scène moyen-orientale, sera la première victime de la tempête qui se lève alors sur le Liban. Il est assassiné le 14 février 2005, ce qui soulève une indignation internationale sans précédent, même comparée aux réactions face à d'autres assassinats de Premiers ministres, comme ceux d'Aldo Moro en Italie ou d'Olof Palme en Suède. Ce drame déclenche la furie à Beyrouth, où des centaines de milliers de jeunes Libanais descendent dans la rue dans une organisation parfaite, investissant la place historique des Martyrs où est enterré le Premier ministre assassiné, dont la figure devient celle d'un saint ou d'un marabout. Le « printemps de Beyrouth », qui se veut une répétition de la « révolution orange » survenue peu avant en Ukraine, est en place pour servir d'exemple à d'autres peuples arabes et les inciter à se libérer de toutes les tyrannies. Conspuées de toutes parts, les dernières troupes syriennes se retirent du Liban en avril. Le Conseil de sécurité des Nations unies, dans un activisme inédit, forme une commission d'enquête internationale chargée d'élucider l'assassinat de Rafic Hariri, puis décide de la création d'un tribunal international, nomme un représentant permanent chargé de s'assurer de la bonne exécution de la résolution 1559 et de lui faire rapport régulièrement, cependant que le Liban s'enfonce dans la déstabilisation : en quelques semaines, plusieurs voitures piégées explosent dans les quartiers chrétiens et plusieurs personnalités politiques ou médiatiques en vue sont assassinées.

Un an plus tard, une nouvelle catastrophe s'abat sur le pays : au cours de l'été 2006, suite à l'enlèvement de deux soldats israéliens par le Hezbollah, l'armée israélienne bombarde sauvagement durant trente-trois jours le sud du Liban, la Bekaa et la banlieue sud de Beyrouth, où siège la direction de ce parti. Ces bombardements font 1 300 victimes dans la population civile et 3 600 blessés (contre 43 victimes civiles israéliennes et 101 blessés) et jettent sur les routes environ 900 000 réfugiés. En même temps, l'armée israélienne essaye de réoccuper les territoires occupés par elle de 1978 à 2000. Elle se heurte cependant à une résistance acharnée des combattants du Hezbollah et ne parvient à enfoncer leurs lignes que de façon limitée, au prix de lourdes pertes (117 militaires tués). De plus, la résistance libanaise parvient quotidiennement, en dépit des bombardements massifs sur toutes ses positions, à tirer entre cent et deux cents roquettes sur les villages de la Galilée et jusqu'à la ville de Haïfa. Les habitants de ces régions sont obligés de rester dans les abris ou de fuir la zone bombardée. Jusqu'alors, jamais aucune armée régulière arabe n'avait pu infliger à la toute-puissante armée israélienne un tel revers, si l'on excepte la première étape de la guerre israélo-arabe d'octobre 1973 où, contre toute attente, l'armée égyptienne avait pu traverser le canal de Suez et enfoncer les défenses israéliennes, avant de se faire prendre à revers.

Les États-Unis ont clairement encouragé le gouvernement israélien dans cette aventure sanglante. En effet, lors des premiers bombardements israéliens de juillet sur le Liban, la secrétaire d'État Condoleezza Rice affirmait qu'il ne s'agissait que des « douleurs d'enfantement » du Nouveau Moyen-Orient que cette grande puissance voulait faire émerger. Ce n'est que lorsqu'il devint évident que l'armée israélienne ne parviendrait pas à éliminer militairement le Hezbollah, ni même à réoccuper une partie du sud du Liban, qu'une résolution du Conseil de sécurité des Nations unies (n° 1701 du 13 août 2006) réclama, avec l'aval américain, la « cessation des hostilités ». Cette résolution prévoyait également le renforcement des contingents onusiens de la FINUL (présents au sud du Liban depuis 1978), de moins de 2 000 à 15 000 hommes, et le déploiement de l'armée libanaise tout au long de la frontière avec Israël.

Cette nouvelle guerre a provoqué, pour des raisons symétriques, une grave crise politique à la fois en Israël et au Liban. En Israël, la contre-performance de l'armée a été vivement critiquée, entraînant le limogeage de plusieurs officiers supérieurs et la création d'une commission d'enquête sur la façon dont la guerre avait été conduite. Au Liban, l'enlèvement par le Hezbollah des deux soldats israéliens a été violemment mis en cause par les partis dits « du 14 mars », alignés sur la politique moyen-orientale des États-Unis. D'où de vives tensions au sein du gouvernement, où siégeaient des représentants du Hezbollah et de leur allié du parti chiite Amal. En novembre 2006, la crise a dégénéré à propos du statut du tribunal international qui doit juger les assassins de Rafic Hariri : les quatre ministres représentant la communauté chiite et l'un des deux ministres représentant la communauté grecque-orthodoxe ont démissionné, ôtant au gouvernement sa représentativité multicommunautaire requise par la Constitution et le rendant ainsi illégitime. Mais le chef du gouvernement, Fouad Siniora, et les autres ministres, soutenus par les pays occidentaux, ont refusé de démissionner, ouvrant ainsi une grave crise constitutionnelle. Le Liban, comme en 1975, était à nouveau livré aux jeux sauvages de la géopolitique régionale et internationale pour le contrôle du Moyen-Orient.

L'éternelle répétition du drame palestinien

Au cours de la même période, la situation est pire encore du côté palestinien. À partir de 2003, Israël et les États-Unis ont trouvé en Yasser Arafat le bouc émissaire de l'échec des accords d'Oslo et de la relance de l'Intifada en 2000. Désormais, tout progrès sur le front des droits bafoués des Palestiniens est conditionné non pas au retrait israélien des territoires occupés, mais à la réforme de l'Autorité palestinienne et à la mise à l'écart du vieux chef usé, pourtant porté aux nues quelques années plus tôt. La répression de la nouvelle révolte palestinienne est, comme d'habitude, très sanglante. La Cisjordanie et la « bande de Gaza » sont réoccupées par l'armée israélienne, qui détruit la plupart des infrastructures construites au cours des dernières années grâce à l'aide internationale, en particulier celle de l'Union européenne. Pour faire face aux attentats suicide perpétrés par les résistants palestiniens dans les villes israéliennes, le gouvernement israélien décide la construction d'un « mur de séparation » entre colonies israéliennes en Cisjordanie et villages ou villes palestiniens. Ce mur rétrécit encore plus les territoires dont disposent les Palestiniens, coupe des villages en deux, bref crée un camp de concentration collectif. En dépit d'une condamnation sévère de la Cour internationale de justice de La Haye, en juin 2004, la construction du mur se poursuivra.

Entre-temps, les États-Unis, sous la pression des pays européens et des gouvernements arabes, rédigent à la hâte en juin 2003 une « feuille de route » censée permettre la résolution du conflit : les Palestiniens pourront enfin obtenir un État indépendant d'ici cinq ans, s'ils s'abstiennent de toute forme de résistance à l'occupation israélienne, s'ils mènent à bien la réforme de leurs institutions, la lutte contre la corruption et s'ils respectent les droits de l'homme. C'est une nouvelle mouture des accords d'Oslo ou de Camp David, mais qui garantit encore moins les droits palestiniens que les deux précédentes tentatives ; surtout, rien n'est dit pour arrêter une colonisation qui continue furieusement et arrache tous les jours de nouveaux lambeaux de ce qui reste de territoires aux Palestiniens.

En mai 2005, le Premier ministre israélien Ariel Sharon annonce un retrait unilatéral de Gaza. Il apparaît bien ainsi comme l'« homme de la paix » tel que George W. Bush l'avait qualifié, puisque désormais il doit également faire face à la révolte des colons de ce bout miséreux de territoire. Il est transformé en « modéré » aux yeux de l'opinion occidentale, alors que tous les connaisseurs du drame palestinien savent bien que le motif de la manœuvre est de pouvoir mieux concentrer les efforts sur la colonisation de la Cisjordanie (« la Judée et la Samarie » dans le vocabulaire israélien), faisant perdre aux Palestiniens toute chance d'un État de ce nom. Les médias internationaux, tout comme pour les accords d'Oslo ou la rédaction de la feuille de route, joueront la même partition hypocrite de l'« événement historique » permettant enfin d'entrevoir la fin du conflit douloureux. Il en avait été de même lors des accords tout aussi « historiques » de Wadi Araba en octobre 1994 entre Israël et la Jordanie, ou de Charm-El-Cheikh en février 2005 entre Ariel Sharon et le président de l'Autorité palestinienne Mahmoud Abbas – lequel avait été nommé à ce poste après la mort dans des conditions mystérieuses de Yasser Arafat, en décembre 2004. Comme une pellicule usée, les mêmes images sont reprises par toutes les télévisions du monde, avec les mêmes acteurs ou presque, les mêmes discours sur le terrorisme, la justice et la démocratie...

L'affrontement avec l'Iran

Sur le front iranien, le bilan n'est pas plus brillant pour l'administration de George W. Bush, qui a renforcé la posture hostile des États-Unis, maintenue après la mort de l'imam Khomeyni en juin 1989, malgré la normalisation progressive de la vie politique iranienne sous les présidents ouverts et pragmatiques successivement élus, Hachémi Rafsandjani (1989-1997) et surtout Mohammed Khatami (1997-2005), affirmant des aspirations réformistes et libérales certaines – ce dernier est un pionnier du « dialogue des civilisations » pour tenter de désarmorcer les ravages de la thèse de Samuel Huntington sur le « choc des civilisations ». Si les pays européens maintiennent l'ouverture et le dialogue, le gouvernement américain maintient les sanctions économiques contre l'Iran. Bien plus, George W. Bush, dans son discours sur l'état de l'Union de janvier 2002 a inclus l'Iran dans son « axe du mal ». Aussi, c'est surtout vers la Chine et la Russie que se tourne l'Iran pour obtenir des fournitures militaires, ce qui alimente l'hostilité des États-Unis.

Dans un tel contexte, il ne faut pas s'étonner des changements qui surviennent en Iran avec l'élection à la tête de l'État, en août 2005, de Mahmoud Ahmadinejad, qui l'emporte largement sur Hachémi Rafsandjani, lequel tentait de revenir à la tête de l'État. Le nouveau président est un homme de terrain, maire de Téhéran, partisan de la justice sociale et peu sensible aux arguments des « modérés » qui continuent de rechercher le rapprochement avec les États-Unis. Il est considéré comme proche des milieux religieux les plus conservateurs et du guide de la révolution islamique, l'ayotallah Ahmad Khameini, successeur de l'imam Khomeyni. Aussi, toutes les ouvertures de ses deux prédécesseurs ayant échoué, adoptera-t-il un ton flamboyant et provocateur à l'égard des gouvernements occidentaux. Il se pose en ardent défenseur de la cause palestinienne et des mouvements armés de résistance à Israël, comme le Hamas et le Hezbollah. Il interpelle aussi les pays occidentaux sur leur soutien sans limite aux occupations israéliennes de territoires arabes, met en cause la réalité de la Shoah et organise un séminaire international à Téhéran pour « discuter » de cette question. Enfin, il annonce fièrement que l'Iran a commencé à enrichir de l'uranium et va bientôt maîtriser toute la filière nucléaire à des fins pacifiques.

Tout cela ne peut que susciter la colère des États-Unis et des pays de l'Union européenne. Le 23 décembre 2006, l'enrichissement d'uranium est condamné par une résolution (n° 1737) du Conseil de sécurité des Nations unies, qui adopte des sanctions contre les responsables du programme nucléaire iranien. En outre, les États-Unis accusent de plus en plus l'Iran de soutenir la résistance contre son occupation en Irak.

Une crise grave couvait donc au Moyen-Orient, toutefois atténuée fin 2006 par deux événements importants : la défaite du parti républicain aux élections de novembre ; et les conclusions sévères, en décembre, du rapport du « Groupe d'étude sur l'Irak » coprésidé par James Baker, ancien secrétaire d'État de George H. W. Bush, qui préconisait un retrait des troupes américaines d'Irak et des contacts avec l'Iran et la Syrie pour tenter d'empêcher une nouvelle dégradation de la situation dans ce pays.

La Turquie et ses relations avec l'Union européenne

Par contraste, durant toute cette période, la Turquie apparaît comme un havre de stabilité et comme un pays fort et respecté dans une région en proie aux troubles, aux guerres et aux violences constants. Il ne fait pas de doute que l'héritage de Mustapha Kemal permet cette exception. Certes, les interventions dans la vie politique du pays de l'armée turque, gardienne de l'héritage kémalien, apparaissent comme une survivance démodée selon les critères des démocraties européennes. Ces interventions se manifestent chaque fois que le commandement supérieur de l'armée estime que l'héritage peut être mis en péril par de nouveaux responsables politiques ou par une mauvaise gestion de l'État. Elles n'ont toutefois pas empêché la vie politique turque de se moderniser et de changer de visage à partir des années 1980, notamment avec l'arrivée au pouvoir de Turgut Özal, président du parti de la Mère Patrie, à la fois nationaliste et libéral, en particulier sur le plan économique. Il devient Premier ministre en 1983 et est reconduit dans cette fonction en 1987, avant d'accéder à celle de président de la République en 1989. Il décède en 1993.

C'est sous son long règne que se développe le parti Refah, à la coloration fortement islamique, ce qui est une nouveauté dans un pays qui se vante de son régime strictement laïque. Ce parti acquiert 158 sièges sur 550 à l'Assemblée législative en décembre 1995, ce qui en fait le parti disposant du plus grand nombre de sièges. Son chef, Necmettin Erbakan, devient Premier ministre en janvier 1996. L'armée intervient cependant dès février 1997 et l'oblige à démissionner, cependant qu'en janvier 1998 la Cour constitutionnelle prononce la dissolution du parti « pour atteinte à la laïcité de l'État ». Ce dernier se reconstitue sous la dénomination de Parti de la justice et du développement, et sous la direction de Recep Tayyip Erdogan. En novembre 2002, c'est un raz-de-marée électoral pour le parti, qui obtient la majorité absolue au Parlement, avec 363 sièges. Erdogan, inéligible en 2002 à la suite d'une condamnation de 1998 pour « incitation à la haine religieuse » (il avait évoqué dans un discours public des symboles islamiques comme moyens de lutte politique), peut accéder aux fonctions de Premier ministre en mars 2003 – grâce à une réforme de la loi électorale qui lui permet de se présenter et d'être élu à une élection législative partielle. L'armée laisse faire et le nouveau Premier ministre s'impose sans difficulté comme un « modéré ».

Sous son égide, la Turquie enregistre de nombreux progrès en matière de droits de l'homme et de libéralisation économique, dans l'espoir de devenir membre de l'Union européenne, perspective qui lui a été ouverte dès 1989, mais qui ne sera officialisée par l'ouverture de négociations qu'en décembre 2004. Cette perspective n'est pas cependant sans susciter de nombreuses oppositions au sein des États membres de l'UE : déjà embarrassée par la présence de ses nombreux immigrés musulmans, essentiellement maghrébins et turcs, l'Union peut-elle intégrer une population de 70 millions de musulmans ? C'est en tout cas la question que posent de nombreux hommes politiques européens, lesquels n'hésitent pas à exprimer leur refus d'une adhésion qui pourrait selon eux contribuer à changer le caractère de l'Europe, continent chrétien depuis près de deux mille ans. La peur du terrorisme de source islamique ne manque pas aussi d'influencer l'opinion publique européenne, même si le régime turc se déclare foncièrement laïque et si le pays est lui-même victime de nombreux attentats sanglants attribués à des groupes islamistes extrémistes, qui viennent s'ajouter à ceux commis par le parti des travailleurs du Kurdistan, le PKK. Son chef, Abdullah Öcalan, a été arrêté et condamné à mort en décembre 1999, sans toutefois que la sentence soit exécutée. La question kurde reste en effet un problème majeur pour la Turquie, notamment dans le cadre des efforts déployés pour satisfaire aux critères d'adhésion à l'Union européenne. C'est pour cela d'ailleurs qu'en 1991 l'interdiction de l'usage de la langue kurde avait été levée – mais il faudra attendre 2006 pour qu'une chaîne de radio et deux chaînes de télévision en kurde soient autorisées.

Le vide de puissance au Moyen-Orient

C'est un spectacle globalement consternant que donne au début XXIe siècle le Moyen-Orient, soumis à des turbulences permanentes aux causes complexes et multiples. L'une d'elles se situe dans le traumatisme colonial subi dans les provinces arabes de l'Empire ottoman dépecées entre la France et l'Angleterre, puis dans la politique anglo-saxonne d'hégémonie exercée sur l'Iran du temps de la monarchie, mais aussi son antagonisme vis-à-vis de l'Égypte nassérienne, autre grand pays de la région. Une autre cause doit être recherchée dans l'incapacité des régimes arabes ayant acquis leur indépendance après la Seconde Guerre mondiale à faire de la Ligue des États arabes le noyau d'une solidarité organique pour faire face à tous les défis extérieurs, en premier lieu celui du drame palestinien provoqué par la création de l'État d'Israël en 1948 et les conquêtes successives de territoires arabes. Mais les régimes arabes ont été aussi désunis face au défi posé par la rivalité Est-Ouest durant la période de la guerre froide. Certains d'entre eux, on l'a vu, se sont alignés sur la politique américaine, d'autres sur la politique soviétique.

La désunion n'a pas été moindre vis-à-vis de la révolution islamique en Iran ; elle a entraîné la guerre ravageuse entre l'Iran et l'Irak durant huit ans (1980-1988), puis la querelle non moins ravageuse entre le Koweït et l'Irak, qui permit aux États-Unis de se déployer militairement dans la péninsule Arabique en 1990-1991, puis en 2003 d'envahir sans difficulté l'Irak. Les régimes arabes restent divisés sur les relations à entretenir avec la puissance iranienne, qui a acquis un grand prestige au sein des populations de la région, en grande partie en se contentant de combler le vide de puissance de l'ensemble arabe. Ce vide a autrefois attiré aussi bien les États-Unis que l'URSS, après la France et l'Angleterre. L'impotence des armées régulières arabes a permis aussi à l'État d'Israël de devenir une puissance militaire majeure et de continuer de coloniser le Golan syrien occupé, en sus de la Cisjordanie.

Ce vide de puissance n'est pas près d'être comblé, la plupart des régimes arabes restant sous haute influence américaine, ce qui accroît l'instabilité interne en alimentant la contestation nationaliste, aux couleurs de plus en plus religieuses (ceux d'entre eux qui résistent à cette hégémonie sont soumis à de fortes pressions des pays occidentaux et doivent donc s'appuyer sur une autre puissance, comme c'est le cas pour la Syrie, liée à l'Iran par différents accords de coopération économique et militaire). C'est évidemment sur ce terreau que se développent les organisations terroristes, d'inspiration wahhabite ou salafiste, qui n'hésitent pas à mener des attentats sanglants dans les pays arabes (Égypte, Arabie Saoudite, Maroc, Algérie, Jordanie), mais aussi dans d'autres pays musulmans (Indonésie, Turquie et Pakistan). En confondant dans leur politique ces organisations avec les mouvements légitimes de résistance aux occupations américaine ou israélienne de territoires arabes, les États-Unis et certains décideurs politiques européens, ou même les Nations unies, ne font qu'aggraver l'instabilité régionale.

Certes, tout n'est pas sombre dans ce tableau général. Le pétrole a assuré une très grande prospérité aux petits émirats de la péninsule Arabique, regroupés en 1973 dans la Fédération des Émirats arabes unis (EAU). Contre toute attente, l'intégration de sept petites entités, dirigées chacune par un chef de tribu autocratique, a parfaitement réussi, sur le plan politique comme sur le plan économique. La forte personnalité du cheikh Zayed Al-Nahian, chef de l'émirat d'Abou-Dhabi, décédé en 2003, ainsi que son habilité et sa sagesse politiques ont sans aucun doute contribué au succès de cette union fédérative, là où tous les autres essais d'union entre deux ou trois pays arabes tentés entre 1961 et 1973 avaient lamentablement échoué. On ne peut manquer aussi de signaler le succès du Conseil de coopération du Golfe (CCG), créé en 1980, qui regroupe les EAU, l'Arabie Saoudite, le Qatar, le Bahreïn, le Koweït et Oman. Le Conseil harmonise les politiques de sécurité et de défense, mais aussi les politiques économiques, la tarification douanière, les marchés financiers ; il est prévu une union monétaire après la concrétisation d'une union douanière. On doit mentionner enfin le succès de la réunification du Yémen, longtemps divisé en deux États, l'un au nord sous haute influence saoudienne, l'autre au sud dénommé République démocratique du Yémen à tendance socialiste et proche de l'URSS. Après un premier échec, l'union finit par se réaliser de façon durable en 1995.

Toutefois, mis à part le cas du Yémen, ces succès concernent exclusivement un club de très riches pays à faible population et qui sont tous sous parapluie américain. Bien plus, sur le plan économique, en dépit des richesses pétrolières, les performances économiques du Moyen-Orient restent faibles, comparées à celles d'autres régions du monde (nous y reviendrons dans le dernier chapitre).

En réalité, au Moyen-Orient, seuls trois États présentent les caractéristiques d'un État fort : Israël, la Turquie (membre de l'OTAN) et l'Iran. Toutefois, ces trois États sont eux aussi menacés dans leur existence par divers défis. L'État israélien s'est enfermé dans une politique de colonisation et d'expansion territoriale continue, et dans des rapports d'une rare violence avec la population palestinienne ou libanaise voisine. L'État turc continue d'être confronté au problème kurde, notamment depuis que les tourments de l'Irak ont permis l'émergence d'un quasi-État kurde au nord de ce pays, à la frontière avec la Turquie ; de plus, cette dernière doit faire face à la profonde division de l'opinion turque entre les partisans du maintien d'une laïcité pure et dure et le mouvement général de repliement sur l'islam qui affecte toute la région. Enfin, le régime iranien reste relativement isolé sur le plan international ; l'équilibre entre conservateurs et libéraux qui maintient un minimum de pluralisme est instable, et la tutelle des religieux sur le pouvoir ne fait guère l'unanimité, y compris dans les rangs cléricaux où le régime de la *wilaya faqih* est très largement contesté, comme dans les autres pays musulmans où existent des communautés chiites.

La gestion chaotique de la région est donc assurée par le triangle que forment Israël, la Turquie et les États-Unis (liés entre eux par de nombreux accords de coopération militaire). Les pays du CCG, qui n'ont pas de puissance militaire significative et autonome, apparaissent à la remorque de l'axe américano-israélien. Cette gestion du Moyen-Orient est contestée par l'Iran et, plus accessoirement, par la Syrie, ainsi que par les groupes terroristes djihadistes et takfiristes qui s'attaquent à l'hégémonie américano-israélienne – les premiers prêchent la guerre sainte pour repousser les envahisseurs chrétiens et juifs, tandis que les seconds excommunient les musulmans refusant leurs doctrines et considèrent qu'il faut les éliminer physiquement. Mais, soulignons-le encore une fois, ces groupes ne doivent pas être confondus avec les mouvements de résistance aux occupations armées d'Irak et de Palestine, ni avec le Hezbollah qui entend faire libérer les Libanais détenus dans les prisons israéliennes et faire respecter la souveraineté libanaise, en particulier en cherchant à obtenir la fin de l'occupation israélienne du territoire des fermes de Chébaa, ainsi que des violations israéliennes des eaux territoriales et de l'espace aérien libanais.

Ce n'est donc pas de sitôt que la stabilité et la paix pourront régner dans cette région tourmentée. En ce seuil du nouveau millénaire, le Moyen-Orient est plus que jamais une construction introuvable. Les sociétés y sont rongées par la violence, en particulier la puissante Arabie Saoudite, victime d'attentats terroristes perpétrés par des islamistes qu'elle a couvés en son sein depuis la fondation du royaume. La domination israélo-américaine peut prendre de l'ampleur, le colonialisme le plus cru devenir un phénomène permanent. Tout cela ne fait qu'alimenter les phénomènes de violence terroriste, dont sont principalement victimes des sociétés musulmanes, mais aussi des sociétés européennes – comme l'ont montré les attentats de Madrid en mars 2004 et de Londres en juillet 2005.

Il ne fait pas de doute que le Moyen-Orient reste aujourd'hui une zone de tempêtes où les puissances occidentales sont totalement impliquées économiquement, politiquement et militairement, par leur propre histoire qui a engendré la création de l'État d'Israël, comme par leurs actions continues en vue de contrôler une région hautement stratégique depuis l'expédition de Napoléon Bonaparte. Si rien ne change du côté de ces grandes puissances, on voit mal comment pourra être mis fin à cette géopolitique cruelle et à ces violences hélas trop banalisées, qui plongent profondément leurs racines complexes dans l'histoire de différents continents.

III

Comment appréhender la complexité du Moyen-Orient

9

Difficultés méthodologiques dans l'écriture de l'histoire du Moyen-Orient

Dans les pages qui précèdent, nous avons tenté de reconstituer l'histoire du Moyen-Orient dans toute l'étendue de sa complexité et dans toute sa profondeur historique. L'entreprise était d'autant plus difficile que notre connaissance de l'Orient ancien ne s'est développée qu'au cours des deux derniers siècles, grâce aux découvertes des archéologues européens qui ont révélé l'importance des civilisations égyptienne, suméro-babylonienne, assyrienne et anatolienne. Jusque-là, la connaissance du Moyen-Orient était limitée aux récits des historiens romains, byzantins et arabes. C'est l'archéologie qui permet aujourd'hui de rétablir ce que nous avons appelé la géologie complexe des cultures qui sont venues se déposer en couches sédimentaires superposées sur les grands socles de l'histoire de la région identifiés dans la première partie de cet ouvrage.

Causes et conséquences de l'apparition de l'islam au Moyen-Orient

Toutefois, ces sédiments ont été profondément enfouis dans la mémoire des peuples de la région. L'apparition de l'islam, qui deviendra la religion dominante et forgera une culture nouvelle, tout comme le christianisme l'avait fait avant lui, trace une ligne de fracture forte entre l'apparition de la prophétie de Mohammed et tout ce qui l'a précédé, qualifié d'« ère de l'ignorance » (*al-Jâhiliyyah*). L'islam adopte ainsi un nouveau calendrier, l'an 1 de l'ère islamique (l'Hégire) correspondant à l'année 622 du calendrier chrétien : c'est l'année de l'exil du Prophète, qui doit quitter La Mecque pour échapper à l'hostilité des notables de la ville refusant son nouveau message et s'accrochant à leurs croyances polythéistes traditionnelles ; il se réfugie à Médine, où une importante population juive lui fait d'abord bon accueil.

La prédication de Mohammed, on le sait, est très largement inspirée de l'Ancien Testament, mais aussi des Évangiles. Ce n'est qu'à l'âge de la maturité que cette prédication se développe, comme une série d'interrogations sur les querelles religieuses qui déchirent le Moyen-Orient depuis l'apparition du christianisme, querelles entre chrétiens et Juifs, mais aussi entre les différentes Églises chrétiennes qui s'entredéchirent sur des questions théologiques complexes, concernant notamment la nature du Christ (Dieu et homme), la primauté et la hiérarchie des sièges d'évêché (entre Jérusalem, Antioche, Alexandrie, Constantinople et Rome).

Ces querelles christologiques et de primauté, intimement liées, interviennent dans un contexte où l'Empire byzantin cherche à imposer sa propre orthodoxie chrétienne en même temps que sa domination politique et militaire sur la région, et y rencontre de nombreuses résistances, qui se traduisent aussi par des positions théologiques opposées. Ainsi, l'Égypte s'accroche au monophysisme (croyance dans la seule nature divine de Jésus) qu'adopteront aussi les Arméniens, les Éthiopiens et les jacobites de Syrie, cependant que le nestorianisme (dualisme complet des deux natures) prédominera en Mésopotamie et en Iran et le donatisme en Afrique du Nord. L'arianisme déchirera aussi longtemps l'Orient chrétien et aura de lointains prolongements dans différentes doctrines qualifiées d'hérétiques en Europe. Dans les premiers siècles de l'ère chrétienne, ces querelles théologiques déchaînent ainsi les passions et entraînent souvent des émeutes meurtrières entre factions théologiques et Églises rivales.

La prédication du nouveau prophète tente donc de mettre tout le monde d'accord : Juifs et chrétiens de toutes obédiences théologiques. L'islam, tel qu'il est dessiné dans les sourates du Coran, apparaît comme un monothéisme très strict, proche du judaïsme (Dieu éternel, qui n'a pas eu de naissance et n'aura pas de fin et se tient au-dessus de l'humanité), mais il reconnaît en même temps dans le Christ un prophète à la stature spéciale (l'Esprit de Dieu ayant soufflé sur lui) et dans Marie une vierge qui a enfanté Jésus et doit faire l'objet d'un respect particulier. Par ailleurs, le Coran invoque dans Abraham une paternité commune à tous les croyants en un Dieu unique, qui ont rejeté les ténèbres du polythéisme.

On ne s'étonnera donc pas, comme nous l'avons évoqué dans la première partie, que la prédication musulmane ait connu lors de la conquête arabe un tel succès auprès des populations araméennes de la région (et, mais dans une bien moindre mesure, des populations berbères d'Afrique du Nord). Celles-ci ne voient pas dans les Arabes qui partent à la conquête du Moyen-Orient et des possessions byzantines d'Afrique du Nord un conquérant étranger avec une religion nouvelle, mais des cousins de sang et de langue, l'arabe étant très proche de l'araméen et de l'hébreu, et le dogme simplifié de l'islam réglant tellement de querelles théologiques complexes et passionnées. Les conquérants arabes débarrassent toute la région de la pesante tutelle de l'Empire byzantin.

Toutefois, tout comme la culture chrétienne a réussi à supprimer l'héritage de la culture païenne, la nouvelle culture musulmane fait aussi table rase du passé païen. Certes, sous les deux califats arabes, omeyyade et abbasside, la culture syriaque et la culture grecque vont continuer d'être vivantes dans les cercles de lettrés. Les philosophes musulmans (Avicenne et Averroès, en particulier) feront même largement appel à la philosophie grecque et leurs œuvres seront grandement appréciées en Europe au Moyen Âge. Ensuite, comme nous l'avons vu, la civilisation musulmane sera asséchée au Moyen-Orient par la succession des invasions externes, celles des croisades chrétiennes puis celles des Turcs et des Mongols.

La phobie européenne de l'islam, on y reviendra, s'est longtemps fixée sur les Turcs, dont les armées menacèrent durablement l'Europe. On l'oublie trop souvent, l'héritage turc constitue en effet un élément majeur du développement de larges régions au Moyen-Orient et en Asie centrale. De même qu'on tend à oublier les interpénétrations et interactions qui ont nourri la civilisation musulmane du temps de sa splendeur : elle a reçu des contributions d'importance égale des Arabes, des Turcs et des Iraniens, tout en étant également très influencée par les civilisations voisines, gréco-byzantine, perse sassanide, indienne et syro-araméenne. On a trop tendance en Europe, comme au Moyen-Orient d'ailleurs, à restreindre l'aire géographique de cette civilisation aux domaines arabe et turc, alors qu'elle s'est aussi développée en Iran, en Asie centrale et en Inde, avec l'Empire des Moghols. Ce dernier, selon Marshall Hodgson, grand historien américain de la civilisation musulmane, « développant une administration centrale efficace [...], entretint une société dans laquelle, sous une direction musulmane, des musulmans et des hindouistes partagèrent une vie politique et culturelle commune, qu'ils conduisirent ensemble dans d'importants secteurs [1] ». Toute cette complexité n'est évidemment pas pour rien dans les difficultés éprouvées par les sociétés du Moyen-Orient au seuil de l'ère moderne pour reconstituer leurs patrimoines historiques.

L'impossibilité d'écrire des histoires nationales

La difficulté de l'entreprise est qu'il n'y a pas au Moyen-Orient de tradition d'écriture de l'histoire sur le mode « national », puisque le système d'État-nation, ici comme dans d'autres régions du monde, y est une greffe récente et tout à fait artificielle dans des milieux où l'interpénétration des cultures et des patrimoines historiques a été très grande, mais est tombée dans l'oubli. Sur une

1 Marshall G. HODGSON, *L'Islam dans l'histoire mondiale*, Sindbad/Actes Sud, Arles, 1998, p. 210.

histoire beaucoup plus longue que celle de l'Europe, les connaissances historiques restent encore faibles et fragmentaires. Les systèmes de pouvoir, en fait remarquablement stables et similaires, ont eu des étendues géographiques très mouvantes. Aucun empire n'a pu en effet dominer l'ensemble du Moyen-Orient plus de quelques siècles ; la géographie de la région, ainsi que les turbulences démographiques dues au mouvement des peuples nomades ont constamment remis en cause la stabilité des constructions politiques.

L'histoire de cette région apparaît ainsi comme celle de la mouvance apparente des civilisations et des empires qui leur ont servi de support, alors que les structures sociopolitiques sont restées profondément les mêmes, marquées par les données géographiques et démographiques que nous avons identifiées dans le premier chapitre. Sumérienne, perse, arabe ou turque, la Mésopotamie a conservé ses caractéristiques sociopolitiques : les croyances et les théologies qui y légitiment les formes de pouvoir et les souverains ont changé d'apparence, mais non de structures profondes. Il en est de même des villes de Syrie du Nord ou de la côte méditerranéenne d'Asie mineure : hittites, assyriennes, phéniciennes et grecques, puis byzantines, arabes, franques ou turques, elles ont été des hauts lieux de culture, de culte, de commerce et d'échanges interculturels, déclinant puis renaissant sous différents atours, pour s'effacer à nouveau en attendant une meilleure fortune.

À la différence de l'Europe, il n'y a pas eu ici de royauté ayant pu se barricader sur un territoire étroit, à l'abri de frontières naturelles, parvenant de la sorte à borner un domaine historique propre, progressivement intériorisé au fil de la consolidation monarchique, marquée par la fin des mouvances tribales et l'effritement des autonomies féodales auxquelles elles avaient donné naissance. Dès la fin du Moyen Âge, l'Angleterre, la France et l'Espagne deviendront ainsi, pour le reste de l'Europe, les modèles de l'État-nation, à l'histoire solidifiée et mythologisée. Allemands et Italiens, anciens héritiers de grands empires, morcelés en principautés rivales durant de longs siècles, y viendront à leur tour au XIXe siècle, condamnant l'Empire multiethnique et multiconfessionnel des Habsbourg à n'être plus qu'une survivance du passé qui s'effondre à l'aube du XXe siècle, en même temps que l'Empire des tsars de Russie et celui des Ottomans. L'écriture de l'histoire n'est plus que celle des « nations », sur le mode des constructions politiques européennes, qu'elles soient monarchiques ou républicaines.

De là l'énorme difficulté d'écrire l'histoire du Moyen-Orient, aussi bien dans une approche européenne que dans une approche moyen-orientale, pour laquelle la domination coloniale européenne a totalement bouleversé les structures sociopolitiques. Même les découvertes archéologiques sur le passé prestigieux du Moyen-Orient sont le fait de la science des envahisseurs européens. Du coup, les États fragmentés de la région ont de la peine à intégrer ce patrimoine récemment découvert et qui, sauf pour la civilisation pharaonique fixée sur l'Égypte, peut difficilement être alloué à tel ou tel des nouveaux États, ou monopolisé par chacun d'eux. Entre la Syrie et l'Irak, en effet, comment procéder au bornage des patrimoines babylonien, assyrien et araméen ? Entre l'Irak et l'Iran, comment se répartir les gloires des Achéménides, des Parthes et des Sassanides ? Entre le Liban, la Syrie et la Palestine, que faire des Phéniciens ? Qui peut revendiquer l'héritage des royaumes nabatéen et palmyrénien, à forte influence arabe et que nous n'avons fait qu'évoquer dans la première partie ?

Pour autant, il faut le souligner, c'est dans les pays arabes, en dehors de l'Égypte, que cette difficulté est la plus manifeste. Elle est beaucoup moins aiguë pour la Turquie moderne fondée par Kemal Atatürk : ayant abandonné ses anciennes possessions balkaniques et arabes pour se centrer sur le plateau anatolien, ayant renoncé aussi au califat que les Turcs ottomans avaient tenu si longtemps, elle n'a guère eu de mal à se trouver une continuité et une spécificité dans l'histoire des Hittites comme ancêtres des grandes tribus turques. De même, les Iraniens modernes, héritiers d'une monarchie prestigieuse et d'une langue spécifique, n'ont pas eu non plus trop de peine à se forger une personnalité historique continue. Certes, la révolution de 1989 a ébranlé la personnalité iranienne en opérant un retour sur la spécificité religieuse chiite et la vocation musulmane de l'Iran, mais la conscience d'un patrimoine aussi riche et prestigieux ne quittera pas les Iraniens. En Égypte, le passé pharaonique est également très présent comme marqueur de mémoire historique, à côté du patrimoine religieux (copte monophysite et musulman sunnite). De plus, enfermée dans ses frontières naturelles depuis des millénaires, la société égyptienne, au-delà de toutes ses transformations, a gardé sa cohésion et son équilibre entre les élites urbaines et la vaste paysannerie.

Mais ailleurs dans le monde arabe, sur quelle histoire spécifique peuvent s'appuyer les entités issues du démembrement de l'Empire ottoman ? L'Empire omeyyade, qui a siégé à Damas, a été fugace. L'Empire abbasside, qui a eu pour siège Bagdad, a certes duré plus longtemps, mais les éléments iranien et turc ont rapidement pris le pouvoir à partir de la fin du IXe siècle. Dans la péninsule Arabique, délaissée de tous les conquérants après la prophétie de Mohammed, que valent les découpages effectués par les Britanniques et la multiplicité de petites dynasties bédouines ou de sultans installés dans cette péninsule ?

Certes, toutes les anciennes provinces ottomanes devenues des États indépendants chercheront à se créer des lettres de légitimité historique. Mais la tâche se révèle impossible en l'absence d'une tradition d'États nationaux centralisés et d'une élite culturelle spécifique à chaque pays qui établirait les critères du caractère national et forgerait un consensus sur la légitimité existentielle de l'État. C'est pourquoi la référence à l'islam comme élément d'unification et de légitimation finira par prendre le dessus sur celle de l'appartenance au monde arabe, dont l'unité ne s'est jamais réalisée. Pour autant, cette référence religieuse reste souvent fragile pour unifier un « sentiment national ». Car si l'arabité a évidemment posé problème aux communautés non arabes (Kurdes et Assyriens au Machrek, Berbères au Maghreb), la référence forte à l'islam pose également problème aux communautés non musulmanes (chrétiennes et juives), comme aux communautés musulmanes étrangères à l'islam sunnite dominant démographiquement au Moyen-Orient (les différentes formes de chiisme, l'ismaélisme, la communauté alaouite de Syrie, les druzes du Liban, de Syrie et Palestine). Et, par ailleurs, l'instrumentalisation de l'islam comme religion officielle par certains régimes arabes autoritaires, au Machrek comme au Maghreb, n'a fait qu'exacerber l'opposition des courants populistes revendiquant un islam fondamentaliste censé pouvoir apporter enfin la justice sociale.

L'envahissement du prisme religieux dans l'écriture historique

Au demeurant, l'écriture de l'histoire du Moyen-Orient est prisonnière des périodisations religieuses, aussi bien pour les historiens de la région que pour ceux de l'Europe. C'est l'apparition du monothéisme qui a fixé dans la perception commune des grandes ruptures historiques. Le calendrier sur lequel vit l'Europe commence à la naissance du Christ : tout ce qui précède cette date, considérée comme fondamentale, est enfermé dans le concept d'Antiquité païenne. Pour les musulmans, c'est l'Hégire (année où le Prophète quitte La Mecque pour s'établir à Médine) qui fait débuter le calendrier. Or, ces deux ruptures ne sont pas aussi radicales qu'elles peuvent apparaître à première vue.

Nulle part en effet, y compris chez les Grecs et chez les Romains, le monothéisme n'a cassé les grandes structures sociopolitiques du Moyen-Orient et de l'Empire romain. Après l'échec du judaïsme à devenir la religion dominante et à s'emparer des structures d'empire, le christianisme, puis plus tard l'islam y parviendront avec succès. Le christianisme, en abolissant la distinction entre Juifs et gentils et, *a fortiori*, entre Grecs et « barbares », parviendra en trois siècles à investir les structures d'empire en Anatolie et à faire la grandeur de Byzance. L'islam, en reconnaissant les révélations monothéistes qui l'ont précédé et, du bout des lèvres, le zoroastrisme perse, investira sans peine les structures sassanides et celles de Byzance en Syrie, Liban et Palestine.

Il n'y a d'ailleurs pas de rupture fondamentale entre certaines théologies païennes évoluant vers la conception d'un Dieu unique et l'apparition successive des trois monothéismes. C'est la rencontre de la philosophie grecque classique, en particulier le platonisme, avec les conceptions théologiques orientales qui ouvre la voie à l'apparition des monothéismes. Égyptiennes ou sumériennes, les constructions théologiques du Moyen-Orient ont toutes été fortement hiérarchisées, avec une figure divine qui domine toutes les autres et peut souvent être confondue avec celle du souverain. La théologie perse de source mazdéenne développera de son côté le dualisme du bien et du mal, du vrai et du faux, qui va aussi profondément influencer les trois religions monothéistes. Les théologies monothéistes mettront d'ailleurs plusieurs siècles à fixer leurs dogmes et à les séparer des liens trop voyants les rattachant aux anciennes théologies païennes. Jusqu'à la consécration de la domination turque au Moyen-Orient et jusqu'à la Renaissance en Europe, les luttes des autorités contre les hérésies et la gnose mystique, en islam comme dans le christianisme, témoignent souvent de la survivance d'éléments des théologies prémonothéistes. Les sectes de l'islam hétérodoxe (druze, alaouite, ismaélienne), qui perdurent aujourd'hui, sont ainsi les héritières des traditions gnostiques moyen-orientales, témoins irréductibles des syncrétismes religieux du Moyen-Orient que les monothéismes se sont acharnés à faire disparaître. Plus près de nous, depuis le XIXe siècle, la secte Bahaï, implacablement persécutée en Iran depuis l'installation d'un gouvernement religieux en 1979, perpétue cette tradition.

Le syncrétisme religieux a pourtant profondément marqué l'histoire du Moyen-Orient, carrefour civilisationnel. Les structures politiques d'empire n'ont en effet pu se développer que grâce à l'élargissement permanent des panthéons, rassemblant les dieux des diverses cités conquises ou fédérées, jusqu'à constituer ces grandes cosmogonies dominées par un Dieu tout-puissant (Ahoura Mazda chez les Perses, Mardouk chez les Babyloniens, etc.). Les monothéismes ont brisé ce jeu. Mais le christianisme, avec le dogme trinitaire, les querelles sur la simple ou double nature du Christ et les rapports des deux natures entre elles, ou le culte des saints, a pu mieux intégrer l'ancienne architecture religieuse du Moyen-Orient, ce qui explique son succès là où le judaïsme avait échoué. L'islam, quelques siècles plus tard, en voulant restaurer un monothéisme dur face aux querelles christologiques qui empoisonnaient l'atmosphère politique de tout le Moyen-Orient byzantin, s'est vite trouvé pris dans la contestation chiite : le personnage central d'Ali, cousin et gendre du prophète Mohammed, et sa filiation imamique (tantôt réduite à sept, tantôt élargie à douze, suivant les différents rameaux du chiisme) ont réintroduit une structure théologique plus complexe. Par ailleurs, il est certain que la puissance du clergé chiite, qui perdure en Iran et renaît aujourd'hui au Liban, puise sa source dans celle du clergé zoroastrien dont il est l'héritier.

Les ruptures religieuses ne sont donc jamais intervenues de façon abrupte, radicale et instantanée. C'est le cas du judaïsme comme du christianisme. Même dans celui de l'islam, dont la diffusion fut bien plus rapide, les Arabes n'ont fait dans leur expansion politique que perpétuer les grandes traditions du Moyen-Orient, où tout nouveau conquérant apportait avec lui ses conceptions religieuses, sans les imposer par la force sur des terroirs caractérisés depuis l'origine des temps par le pluralisme religieux. C'est pourquoi la périodisation de l'histoire du Moyen-Orient à partir du phénomène religieux ne peut être qu'une reconstruction artificielle, qui continue pourtant jusqu'à aujourd'hui à empêcher une écriture historique fondée sur les critères plus objectifs d'événements proprement politiques (tels que des invasions, le début ou la fin de structures d'empire, etc.) et de l'influence des milieux géographiques, de l'état des techniques, des routes commerciales, etc.

Depuis le début du XXe siècle, l'écriture de l'histoire du Moyen-Orient a en effet eu tendance à se fixer de plus en plus sur la causalité religieuse, en particulier depuis l'apparition de l'islam. Accessoirement, pour ce qui est du Moyen-Orient antique, les historiens archéologues se sont beaucoup penchés sur les origines « raciales » des différents peuples nomades ayant pénétré le Moyen-Orient (Élamites, Amorrites, Araméens, Assyriens, Mèdes, Parthes, etc.). De ce fait, on ne dispose pratiquement plus aujourd'hui que d'histoires de la civilisation islamique où disparaît toute identité culturelle, géographiquement localisée, des différentes sociétés qui composent le Moyen-Orient. Si les noms des villes n'ont plus bougé depuis les conquêtes arabes puis turques, il est en revanche très difficile, pour un non-initié, de localiser les villes préislamiques et de connaître les éventuelles correspondances entre les noms anciens et les noms contemporains. Il faut en général se référer aux Guides bleus ou guides Nagel pour réaliser que telle ville moderne correspond à une ville antique célèbre ou est située à proximité.

Le prisme islamique est d'ailleurs devenu si prédominant que certains auteurs n'hésitent pas, lorsqu'ils font de la géographie, à la rendre « musulmane[2] ». Fernand Braudel lui-même, dans sa très belle *Grammaire des civilisations*[3], identifie géographiquement toutes les civilisations (continent noir, Europe, Amériques, Indes, Extrême-Orient), sauf celles des Arabes, des Perses et des Turcs, toutes confondues sous le chapeau générique de « l'islam et le monde musulman » ; la civilisation byzantine, pour ne citer qu'elle, est ainsi passée à pertes et profits, même chez un historien aussi éminent qui éprouve le besoin de parler des « terres et mers d'islam ».

Ce phénomène très frappant mériterait à lui seul une étude. Il aboutit en effet à exotiser dangereusement le Moyen-Orient aux yeux des Européens, en le figeant dans une civilisation musulmane supposée invariante tout au long des siècles, niant la diversité linguistique, géographique et religieuse qui perdure pourtant aujourd'hui au sein même des sociétés musulmanes. Cette approche de l'histoire du Moyen-Orient rejoint objectivement celle qu'en font les milieux fondamentalistes islamiques eux-mêmes, toujours prompts à dénoncer les « orientalistes » lorsque cela convient à leurs thèses, mais non moins disposés à les citer abondamment chaque fois qu'il faut affirmer la « globalité » de l'islam comme système politique et civilisationnel.

---

2 Voir par exemple : Xavier DE PLANHOL, *Les Fondements géographiques de l'histoire de l'islam*, Flammarion, Paris, 1968 ; ou André MIQUEL, *La Géographie humaine du monde musulman jusqu'au milieu du XIe siècle*, Mouton, La Haye, 1967.

3 Fernand BRAUDEL, *Grammaire des civilisations*, Arthaud-Flammarion, Paris, 1987.

La nécessaire réhabilitation des critères de l'histoire profane

C'est pour réagir contre ces pièges de l'écriture historique que nous nous sommes refusés à faire de l'islam l'identifiant unique des peuples de la région, le marqueur civilisationnel exclusif ou la clé d'explication des événements qui la secouent depuis deux siècles. Au contraire, nous avons tenté de mettre en relief les aires géographiques, linguistiques et culturelles sur lesquelles l'histoire du Moyen-Orient s'est articulée depuis plus de six millénaires. Nous avons pu ainsi dégager quatre plates-formes qui ont dominé cette histoire : l'Anatolie, la basse (babylonienne et chaldéenne) et la haute Mésopotamie, les hauts plateaux iraniens et l'Égypte. Ces socles géographiques ont porté de grandes structures civilisationnelles dont le patrimoine est toujours présent dans les sociétés modernes, à travers la permanence des grandes structures claniques et familiales, des clergés musulmans ou des christianismes locaux, du patrimonialisme des États et des gouvernants, etc. Pour l'Empire ottoman, un historien grec contemporain, Dimitri Kitsikis, a soutenu brillamment, avec de nombreux faits à l'appui, la thèse d'un empire binational hellénico-turc [4]. Étaient parfois inclus dans ces empires, parfois exclus, des cités-États, comme les villes phéniciennes du littoral méditerranéen ou celles de Syrie du Nord, ainsi que de petits royaumes à la durée de vie éphémère face à celle des empires, tels les royaumes juifs, palmyréniens ou nabatéens, sans oublier les royaumes arméniens. Les empires sont d'ailleurs eux-mêmes fragiles : ils se font noyauter par de larges mouvements démographiques qui les affaiblissent dans un premier temps, puis leur permettent de se reconstituer sur les mêmes lieux à travers de nouvelles synthèses culturelles, politiques et théologiques.

Les Akkadiens, les Assyriens, les Grecs, les Perses, les Égyptiens, les Arabes et les Turcs ont tous réussi ces synthèses extraordinaires à la base des structures impériales du Moyen-Orient, mais aussi les cités-États et les petits royaumes souvent brillants sur le plan de

---

4 Dimitri Kitsikis, *L'Empire ottoman*, PUF, coll. « Que sais-je ? », Paris, 1980.

l'architecture et de la culture. Pour fixer objectivement les idées et tenir des repères clairement identifiables, seule l'approche géographique, comme pour l'Europe, la Chine ou les Amériques, permet d'éviter les pièges d'un prisme exclusivement religieux (paganismes/monothéismes) ou d'une approche raciale (aryens/sémites) qui ne présentent guère d'intérêt. Plus féconde est l'approche linguistique, qui confirme les données de la géographie, puisque le développement des connaissances des langues akkadienne et sumérienne atteste les liens de ces langues anciennes avec l'arabe, l'hébreu et l'araméen (ou syriaque).

Au-delà de la diversité de noms que les historiens antiques et la Bible ont donnés aux différents peuples du Bassin mésopotamien et du Croissant fertile, on sent bien l'unité de civilisation, de culture et donc d'histoire du Machrek arabe : il est l'héritier de toutes les grandes civilisations babyloniennes (avec leurs apports perses), ainsi que des cités maritimes phéniciennes, mais aussi de la culture araméenne dont la langue a longtemps dominé cette partie majeure du Moyen-Orient et perdure à travers la liturgie syriaque de nombreuses Églises d'Orient. À ses côtés, l'Égypte, entité massive et toujours présente, à cheval entre le Machrek et le Maghreb. Si l'Afrique du Nord est incontestablement arabo-berbère, le Machrek est arabo-araméen.

La civilisation iranienne, après avoir été longtemps à cheval entre le Bassin mésopotamien et les hauts plateaux iraniens, s'est définitivement tournée, à partir des invasions arabes qui introduisent l'islam, vers l'Asie centrale et le continent indien. C'est d'ailleurs en Asie continentale, en Indonésie et en Malaisie et non au Moyen-Orient que se trouvent aujourd'hui les grands États musulmans dans le monde (environ 700 millions sur un milliard). Quant à la civilisation turque, après avoir dominé un formidable ensemble géographique à cheval sur les trois continents, elle est aujourd'hui confinée à l'Anatolie, même si on en trouve des vestiges en Asie centrale.

Continuer à parler de « civilisation islamique » aujourd'hui, comme si le califat abbasside ou l'Empire ottoman étaient toujours politiquement en vie, équivaut à dire que le Saint-Empire romain germanique serait toujours si présent en Europe que toute son histoire s'identifierait à celle de la « civilisation chrétienne ». L'inexactitude est encore plus forte quand on parle de « civilisation arabo-islamique », car cela revient à nier l'apport fondamental des Perses et des Turcs dans l'extension de l'islam. Dans la foulée de cette grave approximation, les apports fondamentaux araméo-syriaques à la langue et la culture arabes sont niés, tout comme ceux de la civilisation et l'histoire berbères dans les pays arabes d'Afrique du Nord.

Les repères géographiques et linguistiques sont donc des éléments fondamentaux de toute description du Moyen-Orient, de même que la restitution des événements dans leur dimension purement politique et donc profane. C'est pourquoi il est important, quand on parle du Moyen-Orient, de bien distinguer entre les différents types d'histoires par lesquels on aborde cette région ; l'histoire des religions (avec ses passions et ses préjugés) ne saurait en effet se confondre avec celle des dynasties royales ou impériales, ni avec celle des régions géographiques et des peuples, avec leurs spécificités linguistiques et culturelles.

10

Les causes de la décadence des civilisations du Moyen-Orient

Causes anthropologiques ou causes historiques ?

Il existe en Europe une longue tradition intellectuelle qui explique le déclin des grandes civilisations de l'Orient soit par le caractère « sémitique » de ses populations (Renan et Gobineau), soit par l'islam, ethniquement incarné tantôt par les Arabes, tantôt par les Turcs. Un historien éminent, René Grousset, considère même que toute l'histoire de la région est dominée depuis l'Antiquité par l'affrontement entre l'Occident, héritier de la culture hellénique, et l'Orient asiatique. Pour lui, l'islam constitue la « grande révolte de l'Asie », concrétisée par la « marée arabe » des invasions du VIIe siècle : elles auraient fait reculer « brusquement » les frontières de l'Europe et du domaine hellénique, qui englobaient jusque-là l'Égypte et l'ensemble syro-mésopotamien [1].

---

1 Voir René GROUSSET, *L'Empire du Levant. Histoire de la question d'Orient*, Payot, Paris, 1946, p. 7-8. On pourra lire aussi, dans une approche beaucoup plus virulente, le pamphlet du philosophe Jacques ELLUL, *Islam et judéo-christianisme* (PUF, Paris, 2004), qui tente de montrer à tout prix que la religion musulmane n'a aucun lien avec le monothéisme, exclusivement incarné selon lui dans le judéo-christianisme, et qui met en garde contre tout rapprochement avec l'islam qui mettrait en danger la personnalité de l'Occident, mais aussi sa sécurité.

L'analyse marxiste, de son côté, a souvent illustré sa théorie du despotisme asiatique par l'exemple des empires moyen-orientaux antiques ou historiquement plus proches, tels que l'Empire ottoman. Despotisme, fanatisme religieux, « lourdeur » du tempérament sémite, images des Arabes bédouins prédateurs sont donc autant de thèmes qui persistent, de façon sous-jacente ou souvent explicite, dans la perception européenne des sociétés du Moyen-Orient. Ces images sont contredites parfois par l'œuvre de certains grands orientalistes admirateurs de l'islam (Louis Massignon, Louis Gardet) ou plus rarement des Arabes (Gustave Le Bon). En France, certaines personnalités ont même été jusqu'à se convertir à l'islam (Vincent Monteil, Roger Garaudy). Plus récemment, la nouvelle génération française d'islamologues (Gilles Kepel, Bruno Étienne, Olivier Carré, François Burgat, Olivier Roy) a même voulu voir dans l'activisme politique des mouvements islamistes la seule voie possible de passage des sociétés moyen-orientales à la modernité et au développement, après ce qu'elle considère comme l'échec de toutes les expériences modernisatrices tentées sous l'influence directe des idées européennes, laïques, démocratiques ou marxistes.

Certes, le contraste est frappant, comme nous l'avons constaté au début de la deuxième partie, entre le Moyen-Orient tel que nous le restituent les grandes découvertes archéologiques et l'histoire des empires qui s'y sont succédé jusqu'au brillant califat abbasside, et les images du sous-développement économique et culturel généralisé que nous en avons aujourd'hui. Certains historiens ont évoqué, pour expliquer cette décadence, des changements climatologiques qui auraient sapé les bases matérielles des civilisations du Moyen-Orient – thèse aujourd'hui réfutée par la plupart des spécialistes, selon lesquels l'étendue des déserts et la faible pluviométrie ont caractérisé le Moyen-Orient depuis la plus haute Antiquité. Il n'en reste pas moins que les efforts de l'homme pour réduire les effets négatifs de cette difficile climatologie semblent s'être relâchés depuis plusieurs siècles, en particulier à partir de la décadence de l'Empire abbasside, le tumulte provoqué par les croisades puis les invasions mongoles qui ont détruit le réseau des villes de haute culture comme Bagdad, Damas ou Tripoli. Il ne fait pas de doute non plus que le déclin démographique du Moyen-Orient entre le XIIIe et le XIXe siècle, qui se conjugue naturellement avec le déclin économique, a eu pour conséquence l'abandon des efforts continus de l'homme pour aménager une nature ingrate. Par ailleurs, le règne des Ottomans, qui succède aux siècles d'instabilité, d'insécurité et de confrontations religieuses, en figeant le dogme et la pensée religieux, a contribué à tarir l'élan créateur et novateur qui avait marqué jusque-là la culture islamique. Désormais, le flambeau civilisateur et novateur va passer à l'Europe.

En entrant en contact avec le monde atlantique et l'Extrême-Orient par le développement des techniques de navigation maritime et du commerce au long cours, l'Europe ôtait au Moyen-Orient une autre base de sa prospérité matérielle : sa vocation de carrefour commercial terrestre entre les trois continents d'Europe, d'Asie et d'Afrique. Au fur et à mesure de la progression des techniques de transport par les États européens, en plein développement de leur puissance culturelle et militaire, le Moyen-Orient était voué à l'étouffement économique progressif. De plus, l'Empire ottoman perdant à partir du XVIIIe siècle non seulement la maîtrise maritime en Méditerranée et dans l'océan Indien, mais aussi celle des espaces asiatiques qui tombent progressivement aux mains de la Russie, l'ensemble anatolien et mésopotamien ne pouvait que tomber en décadence du fait de la disparition des rentes commerciales constituées jusque-là par sa position de carrefour. Quant à la civilisation islamique, elle se détourne elle aussi du Moyen-Orient pour se déplacer vers le continent indien où elle brillera de nombreux feux avec l'Empire des Grands Moghols.

Ce sont donc effectivement des sociétés figées et appauvries que les voyageurs européens qui partent à la rencontre de l'Orient vont trouver et décrire entre le XVIIIe et la fin du XXe siècle. Ils seront tous frappés du contraste entre ce qu'ils peuvent voir de grandeur des anciennes civilisations (à travers les pyramides, les monuments grecs ou romains ou perses, les belles mosquées des périodes d'or des empires islamiques, les ruines franques, etc.) et la pauvreté, la misère et le dénuement des populations rurales et urbaines. Du coup, l'Europe concevra le dessein de régénérer l'Orient par la colonisation. Condorcet, dans son *Esquisse d'un tableau historique des progrès de l'esprit humain* (1795), pose les fondements philosophiques de ce projet : « Ces vastes pays, écrit-il, lui offriront ici des peuples nombreux qui semblent n'attendre que des instructions pour se civiliser et trouver des frères dans les Européens, pour devenir leurs amis et leurs disciples ; là, des nations asservies sous des despotes sacrés ou des conquérants stupides, et qui, depuis tant de siècles, appellent les libérateurs [2]. »

L'expédition de Bonaparte en Orient en 1798 sera effectivement le choc qui réveille un Moyen-Orient assoupi et décadent, sans pour autant parvenir à l'arracher au sous-développement économique et culturel. Plus de deux cents ans après, la région est toujours en proie aux convulsions politiques et au sous-développement économique ; le bilan de l'hégémonie européenne, puis américaine n'est pas aisé à établir et c'est ce que nous tenterons dans ce qui va suivre. Pour cela, il est important, soulignons-le encore, de distinguer entre les causes historiques de la décadence que l'on peut plus ou moins objectivement cerner et des causes de type anthropologique auxquelles la pensée européenne reste encore attachée dès qu'elle cherche à expliquer sa propre supériorité et l'abaissement des autres civilisations.

L'influence occidentale : facteur de renaissance ou de décadence accrue ?

La pénétration occidentale au Moyen-Orient a incontestablement été un facteur puissant de changement multidimensionnel au Moyen-Orient. Cette pénétration est d'ailleurs bien antérieure à l'expédition de Bonaparte, car les échanges culturels et politiques entre l'Europe et le Moyen-Orient ont été très nombreux depuis la Renaissance.

---

2 Cité par Henri Laurens, *Le Royaume impossible. La France et la genèse du monde arabe*, Armand Colin, Paris, 1990.

Le souffle des réformes au XIXe siècle

Il y eut d'abord le monde balkanique et grec qui, par son insertion dans l'Empire ottoman, fut un trait d'union important entre l'Europe et le Moyen-Orient. Nombre de cadres militaires (les janissaires) et civils (architectes impériaux, gouverneurs de province, fonctionnaires diplomatiques, etc.) de l'Empire ottoman étaient originaires des Balkans (en particulier les Albanais, les Bosniaques, les Grecs de Roumanie, en sus de nombreux Arméniens). Il ne faut pas oublier que l'organisation de l'Empire ottoman fit un moment l'admiration des Européens, quand leurs États se déchiraient entre eux par des guerres sans fin, sans compter les ravages des guerres de religion [3].

Le second canal d'influence européenne fut le développement des colonies de Levantins, c'est-à-dire d'Européens de diverses nationalités installés dans les grandes villes de l'Empire ottoman et jouissant de la protection des consuls européens en vertu des différents traités de « capitulation » signés par les États européens avec l'Empire. C'est François Ier qui devait signer en 1536 le premier traité de ce genre avec Soliman le Magnifique, traité qui sera suivi par d'autres, accordant les mêmes privilèges aux autres puissances européennes. Ces Levantins, dont certains, comme nous l'avons évoqué, peuvent aussi être descendants de familles de croisés restés au Levant après la disparition des États latins, servent en général d'agents commerciaux des États européens ; à partir du XIXe siècle, ils entreront aussi dans l'industrie et deviendront parfois propriétaires terriens. À cette influence, il faut ajouter celle des missionnaires, de plus en plus nombreux à mesure que les États européens prennent conscience de l'importance des Églises d'Orient. Il s'agit pour ces missions de ramener ces chrétientés schismatiques à la catholicité et de latiniser leurs liturgies.

L'Angleterre réalisera vite le danger politique que représente pour elle une pénétration du monde ottoman par les missionnaires, en particulier français et italiens ; dès le début du XIXe siècle,

3 Lucette Valensi, *Venise et la Sublime Porte*, Hachette, Paris, 1987.

elle tentera de rattraper le temps perdu et les missionnaires protestants américains seront appelés à la rescousse quelques décennies plus tard, fondant à Beyrouth en 1862 le premier grand établissement anglo-saxon d'enseignement dans la région, qui deviendra au XXe siècle un grand centre de rayonnement intellectuel et qui se perpétue aujourd'hui en tant qu'université américaine. Signalons, en sens inverse, la spectaculaire ouverture que font les émirs druzes du Liban à la fin du XVIe siècle et au début du XVIIe siècle en direction des ducs de Toscane, dans leur politique d'émancipation vis-à-vis de l'Empire ottoman. Cette ouverture permettra à la communauté maronite de s'ouvrir sur l'Europe ; plusieurs savants maronites seront envoyés en France pour y aider au développement des connaissances linguistiques (syriaques et arabes), cependant que l'Église maronite ouvre en 1584 à Rome un collège où elle enverra ses meilleurs éléments se familiariser avec le fonctionnement de l'Église catholique, avec qui elle renoue des liens d'allégeance après plusieurs siècles d'interruption.

L'action des missionnaires participe, grâce à la création d'écoles modernes et l'impression de livres religieux, à un relèvement du niveau culturel des communautés chrétiennes, en particulier en Syrie, en Palestine et au Liban, lieux d'implantation privilégiés de ces missionnaires. Mais cette action aboutit aussi à des schismes à l'intérieur de ces communautés, par la formation de groupes qui abandonnent l'autorité traditionnelle des patriarches locaux pour se rattacher directement à Rome ou aux différentes Églises protestantes. Par ailleurs, à travers l'action éducative à l'européenne, elle introduit un sentiment de distanciation et d'hétérogénéité sociale entre communautés chrétiennes et musulmanes.

Toutefois, la pensée européenne agit aussi sur une partie importante des élites musulmanes. Turcs, Persans et Arabes vont voyager en Europe à partir du début du XIXe siècle, constater les formidables progrès techniques et culturels des grands pays européens, l'émancipation de la femme et le fonctionnement des parlements qui limitent l'absolutisme des souverains, le développement des cohésions et des idéologies nationalistes. Le désir de modernisation va s'emparer des différentes élites du Moyen-Orient. D'abord en

Égypte avec Mohammed Ali, puis à la cour d'Istanbul, enfin en Perse. Des noyaux de bourgeoisies urbaines qui européanisent leur mode de vie se forment dans toutes les grandes villes ; des journaux commencent à paraître et une opinion à se former dans les couches supérieures de ces élites urbaines qui constatent avec amertume le profond retard de l'Orient face à l'Europe et les ambitions coloniales des États européens. Le réveil de la vie intellectuelle au contact de l'Europe va aussi donner lieu à un grand mouvement de renaissance culturelle et linguistique arabe (appelé période de la *Nahda*), dont les centres principaux sont Le Caire, Damas, Alep et Beyrouth. En même temps, de nombreux penseurs arabes, en Syrie, au Liban et en Égypte, vont appeler à la réforme des mœurs et de l'exégèse religieuses islamiques figées depuis plusieurs siècles, ainsi qu'à la limitation de l'arbitraire politique des sultans ottomans [4].

À la cour d'Istanbul, un souffle réformateur se développe aussi et le mouvement s'incarnera à la fin du siècle, après différentes réformes politiques et administratives (les *Tanzimat* de 1839 et 1856), dans la constitution des sociétés secrètes des jeunes officiers (les Jeunes-Turcs) qui luttent pour accélérer la modernisation de l'Empire et empêcher de la sorte sa désagrégation. En 1876, une Constitution est imposée au sultan ottoman. On observe le même phénomène en Perse, où, en 1906, le régime monarchique se voit également obligé d'accepter une Constitution qui limite l'absolutisme du chah. L'Orient bouge enfin, après plusieurs siècles d'immobilisme et de décadence.

Les réactions de résistance à l'emprise occidentale

Mais les influences européennes sont aussi très corrosives. D'abord sur le plan économique : la pénétration des produits européens, en particulier les textiles, ruine des pans entiers de l'artisanat local et de la culture du ver à soie ; les structures sociales de toute la région sont profondément ébranlées, d'autant que des réformes des

---

4 Sur ce mouvement, voir l'ouvrage classique et très documenté d'Albert Hourani, *Arabic Thought in the Liberal Age. 1798-1939*, Oxford University Press, Londres, 1967.

structures foncières et agricoles amènent d'autres bouleversements dans les modes de gestion de la terre et les systèmes d'exploitation. Ensuite, sur le plan politique : les interférences des États européens se multiplient dans les affaires intérieures de l'Égypte, de la cour du sultan à Istanbul, de la Perse, des communautés chrétiennes (arabes du Croissant fertile, arméniennes, coptes d'Égypte). Enfin, sur le plan militaire : la pression russe est toujours très forte, de même que celle de l'Autriche-Hongrie dans les Balkans. Comme on l'a vu (voir *supra*, chapitre 5), au Liban entre 1840 et 1860, Français et Anglais, dans leurs rivalités pour le contrôle du Moyen-Orient, ont poussé maronites et druzes à s'entretuer ; Beyrouth a été bombardée par la flotte anglaise en 1840 pour en chasser les troupes égyptiennes ; en 1882, l'Égypte, incapable de rembourser les dettes accumulées à l'égard des marchés financiers européens et en proie à la fièvre nationaliste, est occupée par les Anglais.

Ces actions européennes provoquent une double réaction. En premier lieu, le rejet des idées européennes modernistes dans beaucoup de milieux affectés par la pénétration européenne ; c'est pourquoi, à côté des tendances à la réforme des jurisprudences et institutions islamiques, s'affirmeront très tôt les adeptes d'une renaissance fondamentaliste refusant tout emprunt aux idées européennes. La forme extrême de ce fondamentalisme se manifestera dans le wahhabisme qui, né au cœur de la péninsule Arabique au XVIIIe siècle, prend un essor important à la fin du XIXe siècle et deviendra la doctrine de l'État saoudien fondé en 1925. Cette idéologie fondamentaliste prône le renforcement des solidarités islamiques pour faire face à la domination de l'Europe chrétienne ; elle refuse l'émergence des nationalismes locaux de type laïque au Moyen-Orient que favorise l'expansion des idées européennes.

En effet, la seconde réaction qu'entraînent la pénétration des idées européennes et l'hégémonie des puissances européennes est le développement des idées nationalistes. Les sentiments millénaires d'appartenance aux larges structures d'empire vacillent. Chez les Arabes, la renaissance linguistique et les essais de réforme religieuse amènent à mettre en question l'attribution du califat aux Turcs et à réclamer l'exercice de droits nationaux et culturels ; en

Égypte, la lutte contre les Anglais entraîne une forte prise de conscience des enjeux nationaux dans la population locale. Le même phénomène se produit chez les Arméniens et les Perses. De plus, les jeunes officiers ottomans qui tentent de moderniser les structures de l'Empire vont bientôt réaliser l'ampleur des tendances centrifuges qui menacent le pouvoir ottoman ; cela les amènera à leur tour à développer le sentiment d'appartenance de tous les Turcs à une même nation (pantouranisme).

L'alternative à la montée de ces sentiments nationaux est le panislamisme, encouragé par le sultan ottoman pour faire face à la pression coloniale européenne. Ce mouvement s'efforce de créer un sentiment national islamique qui transcenderait les particularismes des différents groupes ethniques et linguistiques du Moyen-Orient, et permettrait de faire pièce aux ambitions européennes. Certains penseurs, pourtant laïques et même vraisemblablement agnostiques, tels Jamal El-Dine El-Afghani ou Chakib Arslan, n'hésiteront pas à s'inscrire dans ce courant. Celui-ci reste à l'époque très imprégné des idées de la philosophie des Lumières et ne refuse pas l'interaction entre la modernité à l'européenne et le patrimoine culturel de la civilisation islamique. Aussi n'y a-t-il pas de ressemblance entre cette forme de panislamisme et celle que développeront un siècle plus tard les mouvements islamistes radicaux, dits djihadistes et takfiristes, qui refusent en bloc toute la culture de la modernité occidentale et veulent revenir aux mœurs des premières décennies de l'islam.

Un autre facteur important, qui va désormais avoir une influence fondamentale sur le Moyen-Orient, sera l'apparition des premières implantations juives en Palestine à l'initiative du mouvement sioniste, créé en 1897 en Europe sous la direction de Theodor Herzl. Le sionisme se développe dans les milieux juifs de Vienne et d'Europe centrale, où l'antisémitisme croît avec la montée des idées nationalistes, et il prend son véritable essor après la « déclaration Balfour », en 1917. L'idée d'un retour des Juifs en Palestine a d'ailleurs depuis longtemps été évoquée par les diplomaties française et britannique, sans trouver cependant d'adeptes parmi les communautés juives européennes, à qui les idées de la Révolution française ont permis l'émancipation juridique et l'accès à la citoyenneté pleine et entière. Avec la résurgence de l'antisémitisme à la fin du XIXe siècle, non seulement en Europe centrale et en Russie, mais même dans les États européens (comme en témoigne l'affaire Dreyfus en France), et du fait de la perception du Moyen-Orient à partir de ses spécificités religieuses, le retour des Juifs européens en Palestine apparaît à l'Europe comme la solution la plus adéquate à l'irréductible antisémitisme. Au XXe siècle, la montée du nazisme puis la destruction d'une large partie des communautés juives européennes par l'armée allemande rendront impérative aux yeux des Européens la rejudaïsation de la Palestine. La protestation des Arabes et le malheur des Palestiniens seront de peu de poids aux yeux de l'Europe face aux souffrances juives et à l'Holocauste.

Le terrorisme moyen-oriental et la vision d'une guerre de civilisation

De là naîtra un malentendu additionnel car, du côté arabe, il est impossible de légitimer la réparation que l'Europe fait aux Juifs européens aux dépens des Palestiniens, pour des persécutions séculaires auxquels les Arabes n'ont pas participé. Des deux côtés, la difficulté sera très grande de comprendre les enjeux de ces situations dramatiques et complexes, et leurs ressorts respectifs dans des terroirs historiques bien différents : d'un côté, ceux de l'Europe antisémite pour le mouvement sioniste qui revendique et conquiert par les armes la Palestine, avec le soutien européen d'abord, puis avec celui des États-Unis ; de l'autre, ceux du Moyen-Orient, où le pluralisme religieux est un fait de société depuis des millénaires et où pour les Arabes la dynamique du sionisme européen n'est qu'une nouvelle manifestation des agressions répétées du colonialisme européen. La montée des mouvements d'intégrisme islamique dans le cadre de la guerre froide, puis leur reconversion dans des mouvements violents de refus de l'hégémonie occidentale ont achevé de dramatiser le conflit israélo-arabe. Si ces mouvements ont été un outil très efficace pour faire reculer le communisme au Moyen-Orient, leur permanence et leur implication de plus en plus active dans la vie politique de la région, pacifiquement pour les plus modérés, violemment pour les autres, amènent imperceptiblement, mais sûrement, une coupure dans les représentations entre une Europe qui se voit « judéo-chrétienne » à travers le prolongement israélien en Palestine, et un Moyen-Orient devenu nébuleuse « islamique ».

On l'a vu, c'est sur cette coupure largement imaginaire que la politique américaine s'est construite et s'est développée dans la région depuis les années 1990, ne faisant qu'aggraver ses malheurs. Les attentats du 11 septembre 2001 ont contribué à forger une nouvelle doctrine américaine qui va largement s'imposer au monde entier : celle d'un danger unique qui menacerait l'humanité, incarné par un terrorisme islamiste transnational susceptible de mettre la main sur des armes de destruction massive et de menacer les pays démocratiques. Dans cette conception, reprise par des documents officiels des Nations unies, ces groupes islamistes voudraient rétablir un califat qui repartirait à la conquête du monde. Le président George W. Bush évoquera même dans plusieurs discours le danger d'un « islamo-fascisme » qui ne serait pas moins redoutable que les anciens totalitarismes nazi ou soviétique. Avec bien d'autres, les écrits du célèbre orientaliste Bernard Lewis, en sus de la fameuse thèse de Samuel Huntington, ont contribué à populariser cette vision d'un antagonisme foncier opposant le monde arabe et musulman au monde occidental, renforçant ainsi une ligne de fracture psychologique forte qui nourrit l'islamophobie.

De l'autre côté de cette ligne de fracture, en sus du ressentiment sur le sort des Palestiniens toujours soumis à l'occupation, de nouveaux ressentiments profonds se sont fait jour dans les opinions arabe et iranienne avec les deux « guerres du Golfe ». Le sort auquel a été soumis le peuple irakien depuis 1991 a été perçu comme une preuve nouvelle de l'arrogance des États-Unis et de leurs alliés européens dans leur politique en Irak ou même en Afghanistan. En effet, si Saddam Hussein n'a jamais joui de sympathie dans les opinions des États du Moyen-Orient, la puissance militaire et le niveau de développement économique et scientifique atteints par l'Irak sous la main de fer du dictateur irakien étaient considérés par la plupart des Arabes comme un atout face à la toute-puissance militaire israélienne et aux ambitions hégémoniques des États-Unis dans la région.

L'ampleur brutale de l'intervention occidentale pour faire respecter le « droit international » par l'Irak après son occupation du Koweït et la rafale de résolutions des Nations unies légitimant cette intervention ont révulsé les opinions contre l'Occident, si laxiste en matière de droit chaque fois qu'il s'est agi des actions militaires violentes d'Israël en Palestine ou au Liban. L'absence d'armes de destruction massive en Irak, dont la présence était alléguée pour légitimer l'invasion de 2003, achèvera de donner aux peuples de la région le sentiment que les puissances occidentales sont désormais revenues aux anciens démons colonialistes pour s'approprier ses richesses pétrolières.

La question économique et sociale

Le bilan de l'influence de l'Europe puis des États-Unis sur le Moyen-Orient est tout aussi contrasté en matière économique que dans les domaines culturel et politique. Nous avons déjà évoqué les bouleversements sociaux entraînés par la modernisation (mise en place de cadastres fonciers qui consolident la grande propriété terrienne, développement des réseaux d'irrigation et introduction de la culture du coton, déclin des artisanats locaux) dans la plupart des territoires moyen-orientaux de l'Empire ottoman et en Perse. Pour réaliser les grands travaux d'infrastructures et de modernisation au XIXe siècle, les États s'endettent auprès des marchés de Londres et de Paris, et offrent de généreuses concessions d'exploitation aux sociétés européennes (tabac, eaux, électricité, ports, télégraphe, etc.). Gaspillages et agiotages accompagnent cette modernisation, très bien décrits par certains spécialistes d'histoire économique [5].

5 Voir Jean Ducruet, *Les Capitaux européens au Proche-Orient*, PUF, Paris, 1974 ; et David S. Landes, *Bankers and Pashas. International Finance and Economic Imperialism in Egypt*, Harvard University Press, Cambridge, 1958.

Pourtant, les intentions européennes sont souvent louables : dans la tradition de Condorcet, il faut restituer à ces contrées leur gloire d'antan. L'Égypte est d'ailleurs le lieu privilégié d'implantation des saint-simoniens français, qui tentent de réaliser en Orient leurs rêves industrialistes – c'est à eux que l'on devra la conception de l'ouverture du canal de Suez reliant la Méditerranée à la mer Rouge.

Le développement économique entravé

Mais ces politiques de modernisation économique ont enfoncé les États moyen-orientaux dans l'endettement et la dépendance commerciale et industrielle vis-à-vis des grands États européens. En Perse, à Istanbul, en Égypte et au Liban, le développement des bourgeoisies locales est considérablement freiné par l'arrivée toujours plus massive d'hommes d'affaires et techniciens européens qui monopolisent les activités économiques nouvelles. Quant aux efforts locaux dans le domaine de l'éducation et de l'alphabétisation, ils restent négligeables par rapport aux besoins, en particulier dans le monde rural. Seules les élites urbaines, à travers les écoles missionnaires ou de trop rares institutions éducatives publiques, ont accès à l'éducation de type moderne. Rien de comparable à ce qu'accomplit à la même époque le Japon dans le domaine éducatif et en apprentissage industriel ne se fait au Moyen-Orient. Les élites sont polarisées par les querelles entre « anciens » et « modernes » en matière linguistique ou religieuse – querelles qui rappellent celles des « slavophiles » et des « occidentaux » en Russie tout au long du XIXe siècle. Elles sont en outre déchirées par des allégeances contradictoires : islamisme fondamentaliste pour lutter contre la domination étrangère, ou fidélité à l'Empire ottoman, ou nationalisme moderne (turc, perse, égyptien, pansyrien, arménien, kurde, libanais chrétien, etc.).

Les préoccupations intellectuelles sont donc loin des problèmes de maîtrise industrielle. La domination européenne est d'abord vécue sur le plan politique et militaire, et, au XXe siècle, la lutte sera d'abord d'émancipation politique, en particulier chez les Arabes dont les territoires sont totalement occupés par les Français et les

Anglais après la Première Guerre mondiale. Sur le plan populaire cependant, les luttes prendront souvent l'aspect de révoltes contre la présence économique européenne. Ce sera le cas en Perse avec les désordres de 1906, puis avec la tentative de Mossadegh en Iran en 1950 d'obtenir un plus grand contrôle de l'État iranien sur l'exploitation pétrolière ; au Liban, les grèves et manifestations contre les monopoles français se multiplieront durant le mandat. Mais c'est en Égypte, à partir du début des années 1950, que les revendications seront les plus virulentes. La nationalisation du canal de Suez, qui sert de prétexte à l'agression franco-britannique sur l'Égypte, fera exploser partout dans le tiers monde les revendications d'indépendance économique. Bientôt, des vagues de nationalisation des intérêts européens se généraliseront en Égypte, en Syrie, en Irak. Les systèmes socialistes que ces pays mettent en place permettent enfin la constitution d'une petite bourgeoisie qui, après la nationalisation des intérêts étrangers, s'attaque à ceux de la grande bourgeoisie locale et des propriétaires terriens. Les échanges économiques sont alors massivement réorientés vers l'URSS et les pays du bloc socialiste, avec lesquels se développe une coopération technique dans tous les domaines, en particulier l'hydraulique, la sidérurgie et l'exploitation pétrolière. Les Occidentaux parviendront cependant à préserver leurs intérêts économiques dans la péninsule Arabique – et en Iran jusqu'à la chute du chah en 1979.

Pétrodollars et islamisation

L'explosion des prix pétroliers, une première fois en 1973, à l'occasion de la guerre israélo-arabe d'octobre 1973, puis en 1979 à l'occasion de la révolution iranienne, va cependant totalement bouleverser les données économiques du Moyen-Orient. Les ressources financières en provenance du secteur énergétique vont être massivement concentrées aux mains de l'Arabie Saoudite et du Koweït, pays dont la faiblesse démographique ne permet pas d'absorber cette masse inattendue de revenus nouveaux. Elle sera donc mise au service de la solidarité islamique anticommuniste, ainsi que nous l'avons expliqué. La distribution d'aides et de subsides est très importante, mais elle est toujours conditionnée politiquement pour obtenir la modération vis-à-vis de l'Occident, et économiquement pour réaliser le démantèlement des systèmes centralisés de gestion économique. Cette manne pétrolière, en circulant, crée un nombre impressionnant de millionnaires, favorise la montée de l'inflation par les spéculations et agiotages qu'elle déclenche partout.

Une nouvelle fois depuis la Seconde Guerre mondiale, les structures sociales et politiques de la région sont bouleversées. À l'ère des petites bourgeoisies modernisantes, socialisantes et laïques, succède dans le monde arabe celle des émirs et des cheikhs, avec leur kyrielle de fondations pieuses islamiques, leurs institutions financières islamiques et une intense propagande pour l'idéologie wahhabite prônant l'application intégrale de la *charia*. La guerre du Golfe en 1991 a provisoirement consolidé cette hégémonie des pétrodollars islamiques, que les aspirations hégémoniques de l'Irak avaient mise en péril. Mais cette influence économico-religieuse se conjugue à celle du régime de Téhéran, qui veut lui aussi exporter ses conceptions de l'État islamique et se pose en défenseur des « opprimés » et des couches sociales défavorisées de tous les pays de la région. L'Iran dispose lui aussi de moyens financiers importants ; les résultats les plus spectaculaires de son aide se feront sentir au Liban, à travers le développement de l'implantation du Hezbollah dans diverses zones du pays.

Cette course à l'islamisation au moyen des pétrodollars ne favorise cependant guère une véritable industrialisation ; au contraire, l'afflux de ressources financières concentrées en peu de mains amène plutôt à délaisser l'agriculture (sauf en Syrie), à polariser les efforts industriels sur des activités comme le raffinage et la pétrochimie pour valoriser les ressources énergétiques, ou à développer le secteur du tourisme et de la construction de luxe pour les cheikhs et les émirs. Le potentiel industriel du Liban, important et diversifié jusqu'en 1974, est gravement atteint par les violences qui déchirent le pays à partir de 1975. Celui de l'Irak, exclusivement aux mains du secteur public, est très affecté par le coût de la guerre avec l'Iran, puis par les destructions causées par les armées occidentales en 1991, enfin par l'occupation de l'Irak par les États-Unis. Ces derniers, fidèles au credo du néolibéralisme qu'ils prêchent depuis plusieurs années, démantèlent le secteur public irakien et libèrent entièrement l'économie – sans résultats probants vu le chaos dans lequel est plongé le pays.

L'Iran voit aussi sa croissance industrielle freinée par la révolution islamique de 1979, puis par la guerre avec l'Irak. Toutefois, à partir des années 2000 et à la faveur de la troisième vague d'augmentation des prix du pétrole au début du siècle, sa modernisation s'accélère.

Seule la Turquie connaît un développement économique assez important, grâce à la stabilité politique dont elle jouit et à ses relations économiques privilégiées avec l'Union européenne, qui ont entraîné d'importants investissements dans différents secteurs de l'économie. Mais l'économie turque reste financièrement fragile et le niveau de vie des zones rurales de l'est du pays est très faible, la prospérité restant concentrée dans les régions de l'ouest.

Le bilan négatif de l'ère pétrolière

Avec la chute brutale et durable des prix pétroliers à partir de 1985, le Moyen-Orient redevient en quelques mois un nain économique. Avec une croissance démographique toujours élevée, même si elle est en légère régression, sa croissance industrielle est très faible, sa participation aux échanges internationaux marginale et ses déficits alimentaires très élevés en dépit des surplus turcs et de l'équilibre de l'agriculture syrienne. Même après la nouvelle vague de hausses des prix de l'énergie au début de ce siècle, les économies du Moyen-Orient restent marginales dans la production et le commerce mondiaux. En 2004, avec les pays du Maghreb, leurs exportations (hydrocarbures et produits pétrochimiques inclus) n'étaient que de 520 milliards de dollars sur un total de 9 000 milliards de dollars d'exportations mondiales. Ce montant d'exportations, en dépit de la très forte hausse du prix des hydrocarbures en 2003-2004, était inférieur au montant cumulé de deux petits pays européens comme la Belgique (306 milliards) et les Pays-Bas (318 milliards) [6].

Par ailleurs, le PIB moyen par habitant au Moyen-Orient (pays du Maghreb inclus) ne dépassait pas 3 970 dollars en 2005. Il n'était que de 2 710 dollars en 2000 avant que ne débute la hausse des prix du pétrole. C'est dire combien ce revenu moyen est dépendant des prix des hydrocarbures, avec toutefois des écarts importants entre les pays exportateurs de pétrole eux-mêmes. Ainsi, en 2006, le PIB moyen par habitant était de 8 300 dollars en Libye, 15 352 dollars en Arabie Saoudite, 21 395 dollars au Bahreïn et 53 512 dollars au Qatar. Dans les pays ne disposant pas de ressources pétrolières, les écarts étaient également considérables : les plus pauvres étaient en 2006 le Yémen (649 dollars par habitant) et l'Égypte (1 019 dollars), contre 5 202 dollars en Turquie, 6 028 dollars au Liban et 19 878 dollars en Israël [7].

Le bilan de l'ère pétrolière est donc fortement négatif pour le Moyen-Orient, même si elle a permis une augmentation générale mais très inégale des niveaux de consommation et de bien-être. Mis à part celle de la Turquie, les économies des pays de la région sont très fragiles et, hors hydrocarbures, les structures industrielles ne permettent ni de créer des emplois suffisants pour répondre à la croissance démographique, ni d'exporter suffisamment pour combler les déficits en produits alimentaires. L'extension du chômage dans les couches jeunes de la population, conséquence inévitable de cette situation, alimente considérablement la montée des fondamentalismes islamistes.

Au début du XXIe siècle, la plupart des économies du Moyen-Orient restent enfermées dans une économie de rente à très basse productivité. C'est le niveau des prix du pétrole qui détermine largement les taux de croissance, à côté des facteurs climatiques pour les pays encore fortement dépendants de l'agriculture et qui manquent de ressources en eaux fluviales ou souterraines. Par ailleurs, dans tous les pays arabes méditerranéens et en Turquie, le montant

---

6 Banque mondiale, *World Development Indicators.*

7 Fonds monétaire international, *World Economic Outlook.*

annuel de remises des émigrés est devenu un élément clé de l'équilibre de la balance des paiements et du maintien du niveau de vie des familles les plus démunies.

L'économie de rente ne favorise guère l'accélération de réformes démocratiques. La démocratie, en effet, n'est apparue et ne s'est développée en Europe qu'avec la fin du régime des privilèges féodaux et de la rente agricole, et la montée du capitalisme industriel concurrentiel, créant de nombreuses opportunités d'emploi et stimulant l'innovation, la qualité de l'enseignement et de la recherche fondamentale ou appliquée. Au Moyen-Orient, en dépit de nombreuses réformes économiques et ajustements structurels entrepris sous l'égide de la Banque mondiale et du Fonds monétaire international depuis les années 1980, les structures économiques et sociales de base restent largement déterminées par les différentes rentes que peuvent distribuer les pouvoirs en place, y compris au secteur privé.

Ce dernier est en effet largement soumis à l'hégémonie oligopolistique de quelques grands groupes familiaux gravitant au sein du pouvoir, qu'il soit monarchique ou républicain, et qui disposent d'une influence politique leur conférant différents privilèges et immunités, dont l'absence d'obligations fiscales. Cela sans parler des privilèges dont disposent souvent les hautes hiérarchies militaires ou les nomenklaturas bureaucratiques. Enfin, la corruption ouverte ou déguisée qui sévit dans les milieux dirigeants contribue à réduire le peu de dynamisme dont fait preuve le secteur privé moderne, tant en matière d'investissement que d'emploi ou de recherche et développement. Dans ce contexte, il est complètement utopique de penser qu'il sera possible de démocratiser les pays du Moyen-Orient, dont beaucoup (Égypte, Syrie, Irak, Iran) ont pourtant connu des formes de régimes démocratiques avant que le pétrole ne devienne la ressource économique et financière principale de la région.

Des bouleversements considérables

Le bilan politique, culturel et économique de la domination occidentale au Moyen-Orient est donc plus que mitigé. Dans un espace figé et en décadence, elle a, à l'évidence, provoqué d'immenses bouleversements, dont tous ne sont d'ailleurs pas négatifs. Certes, les grandes structures d'empire et les réseaux complexes de villes commerciales et artisanales qui les sous-tendaient ont été brisés et remplacés par une pluralité d'États, dont les frontières ont été découpées au gré des intérêts européens. Mais ce véritable tremblement de terre s'est accompagné du désenclavement, dans le cadre des nouveaux États, des paysanneries de plaines ou de montagnes, repliées depuis des millénaires sur elles-mêmes et opprimées par les élites urbaines. En beaucoup de régions du Moyen-Orient, les campagnes ont connu, en particulier depuis les années 1950, de profondes transformations, et de nombreux enfants de ruraux ont eu accès à tous les privilèges que peut offrir la ville.

Dans l'ensemble de la région, les grandes bourgeoisies urbaines, perse, turque ou arabe, qui détenaient le pouvoir culturel et politique, ont vu leur influence réduite au profit des nouveaux groupes sociaux d'origine rurale ou bédouine, à qui les changements brutaux de grandes structures politiques et les découvertes pétrolières ont profité. Un autre changement majeur a été l'apparition des États à base bédouine dans la péninsule Arabique. L'Arabie Saoudite, grâce à ses ressources pétrolières et à la protection anglaise puis américaine, est ainsi devenue une importante puissance régionale, en dépit de la faiblesse de sa démographie (environ 23 millions d'habitants, dont une large partie est constituée de travailleurs immigrants temporaires).

Très tôt, ces bouleversements ont provoqué une importante émigration de membres des anciennes couches sociales dominantes vers l'Europe, le Canada et les États-Unis. Plus récemment, les révolutions et les guerres, ainsi que les blocages de la croissance économique, ont amené à une recrudescence des courants d'émigration vers l'Europe ou les Amériques. En sens inverse, l'immigration des

Juifs européens et russes vers le Moyen-Orient, initiée au début du siècle, a connu une forte reprise après l'effondrement de l'Union soviétique.

Le Moyen-Orient est donc en ébullition depuis le début du XIXe siècle, agité par des changements culturels, démographiques et politiques permanents. La dynamique de ces changements, on l'a vu, a été intimement liée à l'évolution des systèmes de puissance à l'échelle internationale et, depuis la fin de la guerre froide, à la dépendance vis-à-vis des États-Unis. Pour autant, dans sa longue histoire, ce n'est pas la première fois que la région est enserrée dans une domination extérieure. Celles des Grecs et des Romains durant de longs siècles, des croisés et des Mongols de façon plus éphémère l'ont autrefois marquée durablement. Nul aujourd'hui ne peut dire avec certitude ce que sera le Moyen-Orient du XXIe siècle et du nouveau millénaire. Cette terre de carrefour et de synthèse peut encore réserver de nombreuses surprises.

Conclusion

Systèmes politiques moyen-orientaux et droit international

Arrivés au terme de ce portrait du Moyen-Orient, il nous faut poser le problème de base qui déterminera son avenir et la nature de ses relations avec l'Europe voisine : quel droit peut régir cette région du monde et son insertion dans le système international ? Il n'y a évidemment pas de réponse simple à une question aussi complexe, qui se pose aussi bien du fait du manque de légitimité des structures politiques locales que des interférences extérieures permanentes qu'elles subissent depuis plus de deux siècles.

On a vu combien l'implantation de l'État moderne, sur la longue durée de l'histoire du Moyen-Orient, reste une réalité fragile, qui ne correspond nulle part aux critères qui la caractérisent en Europe ou aux États-Unis. Si trois États jouissent au moins d'un socle géographique ancien (la Turquie, l'Égypte et l'Iran), leurs régimes sont toujours soumis à des tensions qui les fragilisent : l'agitation nationaliste kurde en Turquie, ainsi que l'opposition croissante entre les courants laïques et les courants islamistes, confortés par l'accession au pouvoir du Parti de la justice et du développement ; en Égypte, l'activité des mouvements islamistes terroristes, mais aussi la pression électorale et sociale des mouvements politiques se réclamant de l'islam ; enfin, le pouvoir iranien est toujours soumis à de fortes pressions occidentales, du fait de sa volonté de développer ses capacités de production d'uranium enrichi, mais aussi de sa défense des droits des Palestiniens et des Libanais à lutter contre la perpétuation des occupations israéliennes.

Pour le reste, dans le Croissant fertile et dans la péninsule Arabique, les découpages étatiques, en dehors de ceux du Liban, du Yémen et d'Oman, sont le résultat des actions coloniales. En particulier, la répartition du Bassin mésopotamien entre l'Irak et la Syrie a détruit l'ancienne unité de cette région, sans pour autant réunir dans une seule entité les anciens domaines phéniciens et cananéens de la côte méditerranéenne avec les implantations urbaines séculaires byzantines et arabo-araméennes du désert syrien, réparties entre le Liban, la Syrie, la Jordanie, la Palestine et les régions limitrophes de l'Irak et de la Turquie. Quant à la Palestine, son peuplement, dans la partie devenue israélienne, a drastiquement changé par l'immigration de populations juives d'Europe orientale et de Russie, ainsi que d'Afrique du Nord. Les Palestiniens arabes restent sans patrie et se trouvent depuis 1967 entièrement sous occupation israélienne. En outre, les sources de légitimité de l'État israélien se trouvent dans l'histoire européenne des persécutions antisémites et non au Moyen-Orient. Aussi n'est-il pas étonnant que son existence reste largement contestée au sein des peuples de la région, dès lors que la société israélienne reste très liée, de façon complexe, aux sociétés européennes et américaines, et que les gouvernements israéliens successifs ne se sont jamais comportés vis-à-vis de leurs voisins arabes de manière à faire fondre le glacis d'hostilité qui existe envers eux.

Dans la péninsule Arabique, l'Arabie Saoudite est elle aussi un État très récent (1925), fondé sur une conquête intérieure violente et qui veut tirer sa légitimité d'une application sans faille d'un islam mythologique des origines, ainsi que de l'activation d'une solidarité panislamique à l'ombre protectrice des États-Unis. Cet État, comme ses petits voisins (Qatar, Koweït et Émirats arabes unis), n'aurait jamais pu acquérir son poids politique et économique sans les richesses pétrolières que les Occidentaux y exploitent depuis la Seconde Guerre mondiale. Enfin, le mode de vie gaspilleur de beaucoup des familles devenues royales et princières contraste fâcheusement avec les principes d'islam puritain qu'elles affichent, ce qui ne manque pas de miner une légitimité fragile.

C'est pourquoi le Moyen-Orient est aujourd'hui un ensemble sans boussole, dont les composantes hétérogènes ne permettent pas d'assurer une stabilité minimum. Les arsenaux militaires accumulés par les États de la région, y compris l'arsenal nucléaire israélien, rendent la situation toujours plus inquiétante. Les divers blocages de l'industrialisation, en dépit des succès relatifs de la Turquie, rendent de plus cette région incapable d'une insertion productive dans les échanges internationaux, à l'image des nouveaux pays industrialisés d'Extrême-Orient (Corée du Sud, Taiwan, Singapour, Thaïlande, Malaisie) ; et le chômage qui se développe rapidement fournit annuellement des troupes fraîches aux mouvements islamistes d'obédiences diverses.

La mise en œuvre d'un droit démocratique moderne, qui seul pourrait régler les problèmes de légitimité interne et régionale des structures étatiques au Moyen-Orient, ainsi que leurs rapports avec le monde extérieur n'est envisageable à terme que si les grandes démocraties européennes et américaines faisaient elles-mêmes un usage cohérent et systématique du droit dans leurs rapports avec ces États. Malheureusement, les notions modernes de respect de droits de l'homme, ainsi que les prescriptions du droit international édicté par les Nations unies ne sont invoquées par les puissances démocratiques dans leur rapport avec les pays du tiers monde que de façon sélective et occasionnelle. C'est au gré des intérêts étatiques étroits de ces puissances que les droits de l'homme sont invoqués pour faire pression sur tel ou tel régime dictatorial du Moyen-Orient dont la politique régionale est considérée comme défavorable aux intérêts occidentaux. En revanche, ceux de ces régimes qui se situent traditionnellement dans le sillage occidental, même s'ils enfreignent les principes démocratiques de base, sous prétexte d'application du droit issu du Coran, ne sont guère inquiétés.

Quant au droit international, qu'il s'agisse du conflit israélo-arabe ou de la situation irakienne et libanaise, on voit combien il est appliqué de façon inégale. Toutes les résolutions des Nations unies demandant à Israël d'évacuer les territoires occupés depuis 1967 et ceux occupés au Liban en 1978, puis en 1982 n'ont jamais reçu un début d'application par la communauté internationale, pas plus que les résolutions antérieures sur le droit au retour des réfugiés palestiniens. La mise en œuvre des accords d'Oslo (1993) n'a pas plus été suivie d'effets concrets sur le terrain. Alors que l'Irak, pour son invasion du Koweït, a été sanctionné par les Nations unies par la mise en place d'un embargo économique de nature proprement criminelle, puisqu'il a causé la mort de dizaines de milliers d'enfants et de vieillards, tout en consolidant le pouvoir du dictateur et en donnant lieu à un trafic honteux sur les exportations pétrolières et les importations de l'Irak surveillées par les Nations unies. Ces dernières, en 2003, ont entériné *a posteriori* l'invasion de l'Irak par l'armée américaine et lui ont donné un cadre légal.

Au Liban, les Nations unies ne se sont jamais préoccupées de créer un tribunal pour juger des crimes de guerre et des crimes contre l'humanité commis entre 1975 et 1990 par les chefs de milices et les armées étrangères les protégeant, ni de sanctionner les invasions successives du territoire libanais par l'armée israélienne et son exercice de représailles hors de toute proportion, comme cela a encore été le cas au cours de l'été 2006. Mais, à partir de 2004, sous prétexte d'aider le Liban à se libérer de l'emprise syrienne et de la présence du Hezbollah, cet organisme a brusquement déployé un activisme effarant. En effet, alors que le pays retrouve théoriquement sa souveraineté en 2005 par la sortie des troupes syriennes, cette dernière est à nouveau hypothéquée, cette fois au profit de la politique occidentale dans la région qui se sert à nouveau du Liban comme « État tampon » dans les conflits régionaux [1] : le pays a été enserré dans un réseau très dense de résolutions et de déclarations du Conseil de sécurité, qui ont totalement paralysé le fonctionnement de l'État et de son système judiciaire. Comme on l'a vu (voir *supra*, chapitre 8), une commission d'enquête internationale a été constituée pour rechercher les coupables de l'attentat qui a coûté la vie à Rafic Hariri ; et, en mai 2007, un tribunal à caractère

---

1 Voir Georges Corm, *Le Liban contemporain. Histoire et société*, La Découverte, Paris, 2005 ; ainsi que *Le Proche-Orient éclaté*, *op. cit.*, p. 986-1046.

international a même été créé pour juger des assassins, et ce sous le chapitre VII de la charte des Nations unies (permettant l'imposition de sanctions ou l'usage de la force), alors même que, après deux ans d'existence, la commission d'enquête n'avait toujours pas conclu ses travaux.

Ainsi, les principes démocratiques dont les peuples du Moyen-Orient avaient tant espéré dès le début du XIXe siècle ont largement perdu de leur crédibilité du fait des manipulations coloniales, puis de l'usage sélectif qui en a été fait par les États démocratiques eux-mêmes dans leurs relations avec les pays de la région. Ce manque de crédibilité a évidemment profité aux mouvements islamistes, dont les programmes simplistes refusent le plus souvent le principe même du pluralisme politique et de l'État de droit à l'occidentale. Toutefois, si ces mouvements occupent un large espace politique et médiatique au Moyen-Orient, et sont soutenus par les menées politiques contradictoires de l'Iran et de l'Arabie Saoudite, ils divisent profondément l'opinion dans les sociétés locales. Leur pratique ostentatoire de l'islam et leur prétention au monopole d'une vérité de nature politico-religieuse irritent profondément de larges segments des populations, qu'ils soient d'obédience sunnite ou chiite, sans parler des groupes musulmans hétérodoxes ou des nombreuses Églises d'Orient, qui comptent encore plusieurs millions de fidèles.

Mais ce combat entre des opinions proches du libéralisme politique et celles prêtes à accepter l'autoritarisme à prétention d'exclusivisme religieux restera inégal tant que l'Occident démocratique continuera à faire prévaloir des raisons d'État étriquées dans sa relation aux États du Moyen-Orient, en lieu et place d'une promotion active des valeurs démocratiques. Dans l'attente de changements majeurs dans ce domaine, il est vraisemblable que les jeux de puissance et de rivalités, avec tous les phénomènes d'oppression et de régression qu'ils entraînent, continueront de caractériser une décadence toujours plus profonde de la région. La religion continuera d'être un paravent commode pour tous les appétits de puissance des États à ambition régionale, qui puisent des arguments faciles et sélectifs dans la très riche histoire de cet espace qui fut le berceau de la civilisation. Si la modernité démocratique continue d'être introuvable au Moyen-Orient, nul ne peut prédire, dans la longue série d'empires et de royaumes qui l'ont dominé à travers les âges, lequel pourrait ressusciter au cours des prochains siècles et sous quelle forme.

Brève chronologie du Moyen-Orient contemporain

1768. – La France de Louis XV, pour contrer les ambitions russes en Pologne et en Suède, pousse le sultan ottoman Mohammed III à déclarer en 1768 la guerre à Catherine II de Russie.

1774. – Par le traité de Kaïnardji, la Russie garde Azov, et la Crimée est rendue indépendante, ce qui permettra à la Russie d'y exercer librement son influence.

1798. – Napoléon Bonaparte traverse la Méditerranée pour débarquer en Égypte.

1826. – Empire ottoman : début de l'ère des réformes (*Tanzimat*).

1829. – L'autonomie serbe et la quasi-indépendance des provinces moldo-valaques résultent du traité d'Andrinople, imposé par l'Empire russe aux Ottomans et instaurant un protectorat russe sur la Valachie et la Moldavie. Le traité reconnaît l'autonomie d'un État grec, vassal de la Turquie.

1830. – La conférence de Londres confirme l'indépendance de la Grèce.

1831. – Mohammed Ali, pacha d'Égypte, soutenu par la France, envahit la Syrie, le Liban et la Palestine ; les armées de son fils, Ibrahim Pacha, pénètrent en Anatolie et menacent Istanbul, après avoir défait les troupes ottomanes à Konieh.

1840. – Bombardement de Beyrouth : une coalition formée de l'Angleterre, la Prusse, l'Autriche, la Russie, concrétisée par le traité de Londres de juillet 1840, envoie une flotte bombarder Beyrouth et Saint-Jean-d'Acre en Palestine. Mohammed Ali se replie sur l'Égypte, abandonnant ses ambitions régionales. Il est confirmé vice-roi d'Égypte par les puissances européennes.

1853-1856. – Guerre de Crimée et traité de Paris (mars 1856), qui met fin à la guerre. Il marque l'abaissement de la Russie et la prépondérance de la France en Europe. La mer Noire est neutralisée, la Russie cède à la Moldavie une partie de la Bessarabie au nord des bouches du Danube. La navigation est libre sur le Danube. Enfin, pour protéger l'Empire ottoman contre les ambitions russes, les grandes puissances garantissent solennellement son intégrité et son indépendance. De son côté, le sultan fait part d'un plan de réformes qu'il se propose d'appliquer à tous ses sujets, chrétiens et musulmans.

1878. – Traité de San Stefano (mars), par lequel le tsar impose à la Turquie la reconnaissance de l'indépendance de la Roumanie et la cession de la Dobroudja du Nord à cette dernière, mais la Russie récupère la Bessarabie du Sud (bande au nord du delta du Danube), rétrocédée à la Moldavie en 1856.

1878. – Traité de Berlin (juillet), en vertu duquel la Roumanie restitue à la Russie la rive nord du Danube, mais reçoit en contrepartie la Dobroudja du Nord, prélevée sur l'Empire ottoman ; la Bulgarie reçoit la Dobroudja du Sud.

1896. – Création à Bâle de l'Organisation sioniste mondiale par le journaliste viennois Theodor Herzl, préconisant la création d'un État pour les Juifs.

1911. – La Libye est conquise par l'Italie.

1916. – Accord Sykes-Picot entre la France, le Royaume-Uni et la Russie tsariste, prévoyant le partage des provinces arabes de l'Empire ottoman entre ces puissances.

1917. – Accord de Saint-Jean-de-Maurienne entre la France, le Royaume-Uni et l'Italie sur le démembrement de l'Empire ottoman, qui promet aux Italiens les provinces turques d'Antalya, Aydin, Konya et Izmir.

1917. – Déclaration de lord Balfour, secrétaire au Foreign Office, par laquelle le gouvernement britannique promet de créer en Palestine un « foyer national » juif.

1918. – Adoption des « quatorze points » du président Wilson affirmant le droit à l'autodétermination des peuples colonisés.

1919. – La Conférence internationale de paix de Paris, organisée par les vainqueurs de la Première Guerre mondiale, négocie les traités de paix entre les Alliés et les vaincus. Sanctionnée par le traité de Versailles (28 juin), elle consacre la disparition de trois empires (allemand, austro-hongrois et ottoman) et la création de nouveaux États en Europe.

1920. – Traité de Sèvres (10 août) entre les Alliés et l'Empire ottoman, consacrant le démembrement de ce dernier, réduit à un territoire dérisoire. La SDN attribue à la France et au Royaume-Uni un mandat sur ses provinces arabes ; l'Italie et la Grèce obtiennent certaines régions d'Anatolie, tandis que le traité prévoit la création d'une « République indépendante d'Arménie » et d'un « territoire autonome des Kurdes ». Suite aux victoires militaires de Mustapha Kemal, le traité de Sèvres ne sera jamais appliqué, mais remplacé par le traité de Kars (1921), puis par le traité de Lausanne (1923), conclu avec la Turquie moderne.

1922. – Rapport de la commission d'enquête américaine (King Crane) au Proche-Orient, qui recommande, suivant le vœu des populations, la constitution d'un royaume arabe unifié au Hedjaz et dans les anciennes provinces arabes de l'Empire ottoman. Elle met aussi en garde contre la constitution d'un État juif en Palestine, qui aboutirait à l'éviction des habitants arabes et à la déstabilisation du Proche-Orient.

1923. – Le traité de Lausanne est signé le 24 juillet entre la Turquie, d'une part, et la France, l'Italie, l'Angleterre, le Japon, la Grèce, la Roumanie, le royaume de Serbie, le royaume de Croatie et les Slovènes d'autre part. C'est le dernier traité résultant de la Première Guerre mondiale, obtenu grâce aux victoires militaires de Mustapha Kemal. Il reconnaît les frontières de la Turquie moderne et annule les clauses du traité de Sèvres rejetées par ce dernier (comme l'autonomie du Kurdistan turc et des territoires arméniens en Turquie).

1925. – Conquête de La Mecque par les guerriers wahhabites sous la conduite de Abdel Aziz Ibn Saoud ; le royaume d'Arabie Saoudite sera instauré en 1932.

1947. – Plan de partage de la Palestine proposé par l'ONU.

1948. – Première guerre de Palestine ; établissement de l'État d'Israël.

1956. – Nationalisation du canal de Suez par l'Égypte, qui sert de prétexte à l'attaque franco-anglaise et israélienne sur l'Égypte, laquelle échoue suite aux pressions américaines.

1967. – Deuxième guerre israélo-arabe ; occupation par l'armée israélienne du reste de la Palestine historique (Cisjordanie et Gaza, ainsi que la partie arabe de Jérusalem), du Sinaï (Égypte) et du Golan (Syrie).

1968. – Yasser Arafat, qui a créé le mouvement de résistance armée Fatah, est nommé président de l'Organisation de libération de la Palestine (OLP) ; première attaque d'Israël contre le Liban (destruction par un commando israélien de la flotte commerciale aérienne sur l'aéroport de Beyrouth).

1969. – Événements de « Septembre noir » en Jordanie (l'armée chasse les fedayin palestiniens, qui se replient sur le Liban) ; accords du Caire entre le gouvernement libanais et l'OLP, officialisant la présence armée palestinienne au Liban.

1973. – Troisième guerre israélo-arabe ; l'armée égyptienne libère une partie du Sinaï ; l'armée syrienne ne parvient pas à reconquérir le Golan.

1975. – Le 13 avril, des hostilités de grande envergure éclatent au Liban entre les mouvements armés palestiniens et la milice du Parti phalangiste ; le Liban s'enfonce dans la guerre civile, qui durera jusqu'en 1990.

1978. – Israël envahit une large partie du sud du Liban et l'occupera jusqu'en 2000.

1978-1979. – Accords de Camp David entre l'Égypte et Israël, qui établissent une paix séparée entre ces deux pays ; le Sinaï est rendu à l'Égypte, contre des garanties américaines et des restrictions à la présence de l'armée égyptienne au Sinaï.

1979. – Révolution iranienne, qui permet la prise de pouvoir des religieux et l'installation d'un nouveau régime.

1980. – Déclenchement de la guerre entre l'Irak et l'Iran, qui durera jusqu'en 1988.

1981. – Assassinat, le 6 octobre, du président égyptien Anouar El-Sadate par des militaires membres du « Jihad islamique égyptien ».

1982. – Israël étend son occupation du Liban jusqu'à Beyrouth, assiégée et bombardée sans répit durant deux mois et demi. Les combattants de l'OLP sont obligés d'évacuer le Liban. Le retrait des troupes israéliennes n'aura lieu qu'en 1985, Israël continuant d'occuper la même partie du sud du Liban que depuis 1978.

1987. – De violents affrontements à La Mecque (31 juillet) entre pèlerins iraniens et forces de l'ordre saoudiennes se soldent par plusieurs centaines de morts ; début de la « révolte des pierres » en Cisjordanie et dans la bande de Gaza (9 décembre) ; la répression israélienne fera près de 200 morts entre décembre 1987 et mai 1988.

1988. – Cessez-le-feu entre l'Irak et l'Iran, qui sortent tous deux exsangues de la guerre.

1989. – Signature, le 22 octobre, de l'accord de Taëf (en Arabie Saoudite) entre députés libanais pour modifier la répartition des pouvoirs constitutionnels entre les principales communautés libanaises (maronite, sunnite et chiite).

1990. – Révolte du général en chef de l'armée libanaise, Michel Aoun, qui entreprend en janvier une guerre de libération contre la Syrie (son mouvement échoue le 13 octobre 1990, lorsque les États-Unis laissent la Syrie conquérir le palais présidentiel de Baâda où est retranché le général Aoun) ; le 22 mai, après de longues négociations, l'unification des deux Yémens est proclamée (ce nouvel État, la « République du Yémen », a désormais Sanaa pour capitale) ; le 2 août, l'Irak envahit le Koweït suite au non-règlement des contentieux financiers et pétroliers entre les deux pays.

1991. – Les États-Unis, avec l'aide d'une large coalition militaire, libèrent le Koweït ; mise en route à Madrid d'un processus de paix entre Israël et les pays arabes.

1993. – Le 13 septembre, à la suite des pourparlers secrets d'Oslo, signature entre l'OLP et Israël, à Washington, d'une « déclaration de principes » sur des arrangements intérimaires d'autonomie.

1994. – Guerre civile au Yémen ; signature d'un traité de paix entre Israël et la Jordanie ; Turquie : victoire du parti islamique Refah dans plusieurs grandes villes, dont Istanbul, à l'occasion des élections municipales.

1995. – Assassinat du Premier ministre israélien Yitzhak Rabin par un jeune colon extrémiste (4 novembre).

1996. – Yasser Arafat est élu président de l'Autorité palestinienne (janvier) ; en riposte à des tirs du Hezbollah sur la Galilée, Israël lance l'opération « Raisins de la colère » contre le Liban (10 avril).

1999. – Décès du roi Hussein de Jordanie, son fils Abdallah lui succède.

2000. – En Turquie, le Parti des travailleurs du Kurdistan turc (PKK) abandonne la lutte armée et décide de se présenter désormais en parti politique ; en mai, l'armée israélienne se retire du Liban-Sud qu'elle occupait depuis 1978, sous le coup des pertes que lui fait subir quotidiennement la résistance libanaise du Hezbollah ; le 10 juin, mort du président syrien Hafez El Assad, au pouvoir depuis 1970 (en juillet, il est remplacé à la tête de l'État par son fils Bachar) ; le 28 septembre, une visite provocatrice d'Ariel Sharon, chef du Likoud, sur l'esplanade des Mosquées à Jérusalem déclenche une flambée de violence en

Cisjordanie et à Gaza ; le caractère disproportionné de la répression israélienne est à l'origine d'une « nouvelle Intifada ».

2001. – Ariel Sharon devient Premier ministre en Israël (février) ; adoption officielle du partenariat d'adhésion de la Turquie à l'Union européenne (mars) ; repli partiel des troupes syriennes du Liban (présente depuis 1976, l'armée syrienne commence son retrait le 14 juin ; le 19 juin, près de 7 000 soldats sur les 10 000 postés à Beyrouth évacuent la capitale et sa banlieue) ; le 11 septembre, des attentats kamikazes contre le World Trade Center et le Pentagone font plus de 3 000 morts ; attribués aux réseaux islamistes d'Oussama Ben Laden (installé en Afghanistan), ils entraînent en représailles, dès le 7 octobre, des opérations militaires américaines, appuyées par le Royaume-Uni, en Afghanistan.

2002. – En avril, dans le cadre de l'« opération Rempart » (occupation temporaire des villes palestiniennes de Cisjordanie), l'armée israélienne entre dans le camp de réfugiés de Jénine, faisant de nombreuses victimes ; en juin, Israël engage la construction d'une « clôture de sécurité » le long de sa frontière avec la Cisjordanie (360 kilomètres de clôture devraient être construits) ; en octobre, premières élections législatives au Bahreïn depuis 1973 (avec un taux de participation de plus de 53 %, les islamistes sunnites et chiites remportent 19 sièges, les candidats indépendants 18, les libéraux obtiennent 3 sièges) ; en novembre, élections législatives en Turquie (le parti islamiste modéré AKP – Parti de la justice et du développement – obtient la majorité absolue avec 363 sièges sur 550, et plus de 34 % des suffrages ; le gouvernement de Abdullah Gül, constitué du seul AKP, prend ses fonctions le 19 novembre).

2003. – Lancement de l'invasion militaire américano-britannique « Liberté pour l'Irak » (20 mars) ; en mars, condamnation de la Turquie par la Cour européenne des droits de l'homme (pour « traitements inhumains » et « procès inéquitable », suite à l'arrestation, la détention et la condamnation à mort en 1999 du leader kurde Abdullah Öcalan, dont la peine a été commuée en réclusion à perpétuité) ; nomination de Recep Tayyip Erdogan au poste de Premier ministre en Turquie (mars) ; prise de Bagdad par les forces américaines (avril) ; annonce de la fin des opérations militaires en Irak par le président américain George W. Bush (mai) ; sommet de Charm-el-Cheikh entre George W. Bush et les dirigeants des pays arabes (juin) ; sommet tripartite États-Unis, Israël, Palestine sur le processus de paix au Proche-Orient (juin) ; en novembre, adoption de sanctions économiques contre la Syrie par le Congrès américain ; en décembre, capture de l'ancien dictateur irakien Saddam Hussein à Tikrit.

2004. – En janvier, échange de prisonniers entre Israël et le Hezbollah libanais (sous l'égide d'une médiation allemande, Israël libère 400 prisonniers palestiniens et 31 autres personnes – dont 23 Libanais –, et remet les dépouilles de 60 combattants anti-israéliens, en majorité libanais ; en échange, le Hezbollah libère un ressortissant israélien détenu depuis octobre 2000 et rend les corps de trois soldats israéliens) ; en mars, adoption de la Constitution provisoire en Irak, qui régira le pays pendant la période de transition allant du 30 juin 2004 aux élections générales prévues avant le 31 décembre 2005 ; en juin, Paul Bremer (administrateur civil américain de l'Irak) transfère le pouvoir au gouvernement provisoire irakien, dirigé par Iyad Allaoui ; en juillet, la Cour internationale de justice estime dans un avis consultatif que « la construction par Israël, puissance occupante, du mur en territoire palestinien occupé, notamment dans et autour de Jérusalem-Est, est contraire à la loi internationale » (le 20 juillet, l'Assemblée générale de l'ONU adopte une résolution exigeant qu'Israël s'acquitte de ses obligations juridiques telles qu'énoncées dans l'avis rendu par la Cour) ; adoption, le 2 septembre, par le Conseil de sécurité de l'ONU de la résolution 1559 visant à faire sortir le Liban de son statut de protectorat syrien ; le 11 novembre, décès en France de Yasser Arafat, président de l'Autorité palestinienne.

2005. – Élections générales en Irak (janvier) ; le 14 février, assassinat de l'ex-Premier ministre libanais Rafic Hariri ; de février à avril, premières élections municipales en Arabie Saoudite (pour la première fois dans l'histoire du royaume, les Saoudiens sont appelés à élire la moitié des membres des conseils municipaux en trois phases) ; en avril, fin de la présence militaire syrienne au Liban (après vingt-neuf ans de présence militaire au Liban, la Syrie achève le retrait précipité de ses 14 000 soldats) ; le 2 juin, assassinat à Beyrouth du journaliste et opposant libanais Samir Kassir ; en octobre, référendum sur le projet de Constitution irakienne (le texte est adopté par 78 % des voix, avec un taux de participation de 63 % ; Al-Anbar et Salaheddine le rejettent à plus de deux tiers des voix) ; en octobre, lancement de l'ouverture des négociations en vue de l'adhésion de la Turquie à l'Union européenne ; assassinat du député et journaliste libanais Gebrane Tuéni (décembre).

2006. – En janvier, le Premier ministre israélien Ariel Sharon est victime d'une attaque cérébrale qui entraîne son retrait de la vie politique, les pouvoirs sont transférés au vice-Premier ministre Ehoud Olmert ; dans les territoires palestiniens occupés, les islamistes du Hamas remportent les élections avec 76 sièges contre 43 pour le Fatah, sur les 132 que compte le Conseil législatif palestinien (janvier) ; Ismaïl Haniyeh, du Hamas, devient le nouveau Premier ministre palestinien (février) ; après la victoire électorale du Hamas, l'Union européenne décide en avril de suspendre une partie de son aide à la Palestine ; du 12 juillet au 14 août, conflit armé entre Israël et le Hezbollah libanais ; le 21 novembre, assassinat du ministre libanais de l'Industrie Pierre Gemayel ; rapport de la commission américaine Baker-Hamilton préconisant un changement de stratégie en Irak (décembre) ; premières élections législatives aux Émirats arabes unis (décembre) ; exécution par pendaison de l'ex-président irakien Saddam Hussein (décembre).

Bibliographie

Les premières civilisations mésopotamiennes

GARELLI Paul, *Le Proche-Orient asiatique*, vol. 1, *Des origines à l'invasion des peuples de la mer*, PUF, Paris, 1969.

–, *Le Proche-Orient asiatique*, vol. 2, *Les Empires mésopotamiens, Israël*, PUF, Paris, 1974.

KRAMER Samuel Noah, *L'Histoire commence à Sumer*, Arthaud, Paris, 1986.

MARGUERON Jean-Claude, *Les Mésopotamiens*, vol. 1, *Le Temps et l'Espace* ; vol. 2, *Le Cadre de vie et la pensée*, Armand Colin, Paris, 1991.

PETIT Paul, *Précis d'histoire ancienne*, PUF, Paris, 1962.

L'Iran et les empires iraniens

BANI SADR Abol Hassan, *Le Complot des ayatollahs*, La Découverte, Paris, 1989.

DIGARD Jean-Pierre, HOURCADE Bernard, RICHARD Yann, *L'Iran au XXe siècle*, Fayard, Paris, 1996.

MARTIN Vanessa, *Islam and Modernism. The Iranian Revolution of 1906*, I.B. Tauris, Londres, 1989.

ROUX Jean-Paul, *L'Asie centrale : histoire et civilisations*, Fayard, Paris, 1997.

–, *L'Histoire de l'Iran et des Iraniens. Des origines à nos jours*, Fayard, Paris, 2006.

SHAYEGAN Daryush, *Qu'est-ce qu'une révolution religieuse ?*, Albin Michel, Paris, 1991.

L'Empire byzantin, les Turcs et l'Empire ottoman

CAHEN Claude, *Orient et Occident au temps des croisades*, Aubier, Paris, 1983.

COPEAUX Étienne, *Espace et Temps de la nation turque. Analyse d'une historiographie nationaliste 1931-1993*, Éditions du CNRS, Paris, 1997.

DUCELLIER Alain, KAPLAN Michel, MARTIN Bernadette, *Le Moyen Âge en Orient. Byzance et l'Islam, des Barbares aux Ottomans*, Hachette Classiques, Paris, 1990.

GROUSSET René, *L'Empire du Levant. Histoire de la question d'Orient*, Payot, Paris, 1949.

KITSIKIS Dimitri, *L'Empire ottoman*, PUF, coll. « Que-sais-je ? », Paris, 1991.

LANDES David, *Bankers and Pashas. International Finance and Economic Imperialism in Egypt*, Harvard University Press, Cambridge, 1958.

LEWIS Bernard, *Islam et Laïcité. La naissance de la Turquie moderne*, Fayard, Paris, 1988.

MANTRAN Robert (dir.), *Histoire de l'Empire ottoman*, Fayard, Paris, 1989.

ROUX Jean-Paul, *Histoire des Turcs. Deux mille ans du Pacifique à la Méditerranée*, Fayard, Paris, 1984.

SHAW Stanford, *Histoire de l'Empire ottoman et de la Turquie*, Éditions Horvath, Roanne, 1983.

TATE Georges, *Les Campagnes de la Syrie du Nord du IIe au VIIe siècle*, Librairie orientaliste Paul Geuthner, Paris, 1992.

VALENSI Lucette, *Venise et la Sublime Porte*, Hachette, Paris, 1987.

VANER Semih (dir.), *La Turquie*, Fayard, Paris, 2006.

Les Arabes et l'Égypte

BERQUE Jacques, *L'Égypte. Impérialisme et révolution*, Gallimard, Paris, 1967.

CORM Georges, *Le Proche-Orient éclaté*, Gallimard, coll. « Folio/Histoire », Paris, 2007.

HITTI Philip, *History of the Arabs*, Macmillan, New York, 1972

HOURANI Albert, *Histoire des peuples arabes*, Seuil, Paris, 1993.

LACOUTURE, Jean et Simone, *L'Égypte en mouvement*, Seuil, Paris, 1962.

LACOUTURE, Jean, *Nasser*, Seuil, Paris, 1971.

LAURENS Henri, *Le Royaume impossible. La France et la genèse du monde arabe*, Armand Colin, Paris, 1990.

–, *Le Grand Jeu. Orient arabe et rivalités internationales depuis 1945*, Armand Colin, Paris, 1991.

RODINSON Maxime, *Les Arabes*, PUF, Paris, 1991.

THOBIE Jacques, *Ali et les quarante voleurs. Impérialismes et Moyen-Orient de 1914 à nos jours*, Messidor/Temps actuels, Paris, 1985.

Islam

CORM Georges, *La Question religieuse au XXIe siècle. Géopolitique et crise de la postmodernité*, La Découverte, Paris, 2006.

–, *Orient-Occident, la fracture imaginaire*, La Découverte, Paris, 2002.

HODGSON Marshall G.S., *L'Islam dans l'histoire mondiale*, Sindbad/Actes Sud, Paris, 1998.

LAOUST Henri, *Les Schismes dans l'Islam*, Payot, Paris, 1965.

MIQUEL André, *La Géographie humaine du monde musulman*, Mouton, Paris, 1967.

PLANHOL Xavier DE, *Les Fondements géographiques de l'histoire de l'Islam*, Flammarion, Paris, 1968.

–, *Les Nations du Prophète : manuel géographique de politique musulmane*, Fayard, Paris, 1993.

SOURDEL Dominique et Janine, *La Civilisation de l'Islam classique*, Arthaud, Paris, 1976.

Autres ouvrages

CORM Georges, *L'Europe et l'Orient. De la balkanisation à la libanisation, histoire d'une modernité inaccomplie*, La Découverte, Paris, 2002.

–, *Le Liban contemporain. Histoire et société*, La Découverte, Paris, 2005.

DIECKHOFF Alain, *L'Invention d'une nation : Israël et la modernité politique*, Gallimard, Paris, 1993.

DUCRUET Jean, *Les Capitaux européens au Proche-Orient*, PUF, Paris, 1974.

LEMERCIER-QUELQUEJAY Chantal, *La Paix mongole*, Flammarion, Paris, 1970.

PIRENNE Jacques, *Les Grands Courants de l'histoire universelle*, Albin Michel/La Braconnière, Paris, 1959.

RECLUS Élisée, *Nouvelle Géographie universelle*, Librairie Hachette, Paris, 1884.

SELLIER Jean et André, *Atlas des peuples d'Orient. Moyen-Orient, Caucase, Asie centrale*, La Découverte, Paris, 1993.

SOLIMAN Lotfallah, *Pour une histoire profane de la Palestine*, La Découverte, Paris, 1989.

Table

Dans la même collection

Littérature et voyages • État du monde

Littérature et voyages

Fadhma Amrouche, *Histoire de ma vie.*

Taos Amrouche, *Le grain magique.*

Ibn Batûtta, *Voyages* (3 tomes).

Louis-Antoine de Bougainville, *Voyage autour du monde.*

Nicolas Bouvier, *L'usage du monde.*

René Caillié, *Voyage à Tombouctou* (2 tomes).

Christophe Colomb, *La découverte de l'Amérique* (2 tomes).

James Cook, *Relations de voyages autour du monde.*

Hernán Cortés, *La conquête du Mexique.*

Charles Darwin, *Voyage d'un naturaliste autour du monde.*

Bernal Díaz del Castillo, *Histoire véridique de la conquête de la Nouvelle-Espagne.*

Denis Diderot, *Voyage en Hollande.*

Charles-Marie de La Condamine, *Voyage sur l'Amazone.*

Homère, *L'Odyssée.*

Jean-François de Lapérouse, *Voyage autour du monde sur* l'Astrolabe *et la* Boussole.

Bartolomé de Las Casas, *Très brève relation de la destruction des Indes.*

Louis-Sébastien Mercier, *L'an 2440, rêve s'il en fut jamais.*
— *Le tableau de Paris.*

Louise Michel, *La Commune, histoire et souvenirs.*

Lady M. Montagu, *L'islam au péril des femmes.*

Martin Nadaud, *Léonard, maçon de la Creuse.*

Paul Nizan, *Aden Arabie.*

Mungo Park, *Voyage dans l'intérieur de l'Afrique.*

Marco Polo, *Le devisement du monde, le livre des merveilles*

Mémoires de Géronimo.

Horace Benedict de Saussure, *Premières ascensions au Mont-Blanc, 1774-1787.*

Victor Serge, *Les années sans pardon.*
— *Le Tropique et le Nord.*

B. Traven, *Le chagrin de saint Antoine.*
— *La révolte des pendus.*
— *Le vaisseau des morts.*
— *Rosa blanca.*
— *La charrette.*

Inca Garcilaso de la Vega, *Commentaires royaux sur le Pérou des Incas* (3 tomes).

Arnaud Viviant (dir.), *L'Entreprise.*

État du monde

L'État du monde en 1945.

États-Unis, peuple et culture.

Rochdy Alili, *Qu'est-ce que l'islam ?*

Bertrand Badie (dir.), *Qui a peur du XXIe siècle ?*

Serge Cordellier (dir.), *Dictionnaire historique et géopolitique du* XXe *siècle.*

La Découverte/Poche

Georges Corm, *Histoire du Moyen-Orient.*

Ignace Dalle, *Maroc. Histoire, société, culture.*

Marc Ferro et Marie-Hélène Mandrillon (dir.), *Russie, peuples et civilisations.*

Pauline Garaude, *Inde. Histoire, société, culture.*

Pierre Gentelle (dir.), *Chine, peuples et civilisation.*

Camille et Yves Lacoste (dir.), *Maghreb, peuples et civilisations.*

Anne-Marie Le Gloannec (dir.), *Allemagne, peuple et culture.*

Maïa Ponsonnet avec Pierre Grundmann, *Australie. Histoire, société, culture.*

Alexandra Romano et Joseph Confavreux, *Égypte. Histoire, société, culture.*

Jean-François Sabouret (dir.), *Japon, peuple et civilisation.*

François Sirel, Serge Cordellier *et al.*, *Chronologie du monde au 20e siècle.*

La Découverte/Poche

Composition Facompo, Lisieux.
Impression réalisée par CPI Bussière
à Saint-Amand-Montrond (Cher).
Dépôt légal du 1er tirage : octobre 2007.
Suite du 1er tirage (5) : juin 2014.
N° d'impression : 2010272.
Imprimé en France